# I'M a YOUNG RIDER

**김재현**
지음

국수 팔고 페달 밟아
LA에서 뉴욕까지

# PROLOGUE
# 막국수 팔아 세계여행

"네가 자전거로 미국을 횡단한다고?"

"관둬라 관둬!"

"너 그러다 죽어!"

"네 나이가 몇 살인데?"

"아저씨! 이 자전거는 동네 슈퍼에 담배 사러 갈 때
타는 자전거 같은데요?"

내가 미국 엘에이LA에서 뉴욕NY까지 자전거 횡단을 떠난다고 말했을 때 주위에서 쏟아 냈던 우려를 복기한다. 열심히 막국수 반죽을 하고 육수를 끓이며 손님 맞을 준비를 하면서 하루하루를 보내고 있는 나는 많은 사람의 우려에도 불구하고 동네 슈퍼에 장을 보러 갈 때 타고 다니는 자전거로 6,680Km를 횡단하는데 성공했다. 그렇다. 긴 여정을 끝낸 지금은 다시 제자리로 돌아와 일상에서의 삶을 이어 나가고 있다.

2017년부터 제주 여행의 비수기로 여겨지는 11월과 12월, 두 달 동안 막국수를 팔아 번 돈으로 산티아고 순례길을 걷고 티베트 여행을 떠나는 등 전 세계 대륙에 발자국을 남겼다. 어떤 이유 때문이었는지 모르겠지만 이번 여행만큼은 버스나 기차를 이용하는 보통의 여행이 아닌 특별한 여행을 구상하다가 생일에 우연히 선물로 받은 홍은택 작가님의 『아메리카 자전거 여행』을 읽고 바로 실행에 옮기기로 결심했다. 결심을 공고히 하기 위해 거의 모든 지인들에게 미국 자전거 횡단 여행 계획을 말하고 또 말했다. 그리고 계획을 실행으로 옮기기 위한 연습으로 유난히도 더웠던 지난여름의 뙤약볕 아래에서 한라산 1100도로와 516도로에서 페달을 밟으며 미련할 정도로 쉬지 않고 달렸다. 자전거를 타면서 체력이 한계에 다다를 때마다 나는 '젊음은 영원하지 않다'는 것을 알게 됐고 지난 시절, 인생을 더 즐기지 못한 것을 후회했다.

'제주의 한라산 아래에서 연습했던 것처럼
미국 땅 위에서 원 없이,
지칠 때까지 페달을 밟았으니까
이쯤에서 포기해도 괜찮지 않을까?'

미국에 도착해 여행을 시작하고 많은 어려움에 직면하면서 중간에 포기할까 끊임없이 생각했다. 수많은 미국인과 한국 교민들의 도움으로 계속되는 번뇌를 뚫고 달리고 또 달릴 수 있었고 마침내 뉴욕 맨해튼Manhattan 타임스 스퀘어Times Square 광장에 도착했을 때 깨달았다. 운칠기삼運七技三이라는 말처럼 내가 실력이 좋아서 횡단을 마친 것이 아니라 엄청나게 운이 좋아서 65일의 여정의 끝, 6,680Km의 종착지에 이르렀다는 것을. 더불어 길에서 만난 많은 인연들의 도움은 언젠가는 내가 갚아야 할 빚이란 것도 알게 되었다.

'이제부터 나도 시작해야겠다!'


　엘에이에서 뉴욕까지 달리면서 받은 모든 도움을 나도 갚아야겠다고 다짐하며 삶을 이어 나가면서 타인을 위한 올바른 공덕을 조건 없이 많이 쌓고 어김없이 다시 찾아올 11, 12월의 다른 여행을 시작하고 싶다. 막국수를 팔아 은행 통장에 차곡차곡 저축해 놓은 여행자금처럼 좋은 인연도 따로 또 같이 차곡차곡 쌓아 나가고 싶고 결국엔 매년 떠나는 가을과 겨울의 여행도, 결국엔 인생이라는 여정도 즐겁고 즐겁기를 희망해 본다.

# 목차

0.「프롤로그 - 막국수 팔아 세계여행」

## 1부 |「도전하는 사람에게 젊음은 영원한 것이다」

1.「극과 극」
2.「In & Out」
3.「쌍구간」
4.「오, 마이 펑크」
5.「잠은 잤으니까」
6.「땡큐 베리 머치, 앤디」
7.「로드킬」
8.「황금연휴」
9.「도전하는 사람에게 젊음은 영원한 것이다」
10.「해피 오프닝과 새드 엔딩」

## 2부 | 「안장鞍裝 위 인생」

11. 「길 위에서 배우는 것」
12. 「새가슴 라이더」
13. 「헛발질」
14. 「나는 개가 무섭다」
15. 「안장鞍裝 위 인생」
16. 「바람아 멈추어다오」
17. 「라이딩이 맛있고 햄버거가 친절해요」

18. 「삼위일체三位一體」
19. 「엄마는 누구나」
20. 「텍사스주를 벗어나 루이지애나주로」
21. 「행복 끝에 고생 온다」
22. 「추수감사절」
23. 「블랙 프라이데이」
24. 「너와 함께 한 오늘을 꼭 기억할게」
25. 「미시시피강변을 달려서」

## 3부 | 「인생은 'B'irth와 'D'eath사이의 'C'urve」

26. 「재즈의 도시」
27. 「2024년 12월 3일」
28. 「가장 많은 기록을 세운 날」
29. 「조건 없는 응원과 지지」
30. 「환영 퍼레이드」
31. 「동방 예의지국에서 왔으니까」
32. 「인생은 'B'irth와 'D'eath사이의 'C'urve」
33. 「집에 가고 싶다」
34. 「창살 없는 자전거」
35. 「정情」
36. 「아임 고잉 투 뉴욕」
37. 「지역색」
38. 「내일부터는 천천히 여유롭게」
39. 「그들의 흔적이 침대 시트에 빨간 물감처럼 퍼져 나갔다」
40. 「천 단위에서 백 단위로」

**4부 |「정답이 아닌 해답을 찾는 숙제」**

41.「운동장」
42.「즐거운 상상은 나의 원동력」
43.「알아두면 쓸데있는 미국도로 잡학사전」
44.「추위도 가볍게」
45.「I HAVE a DREAM」
46.「바람직한 세대교체」
47.「평생 쓸 행운」
48.「인터뷰」
49.「끝날 때까지 끝난 것이 아니다」
50.「잘했다! 김재현!!!」
51.「자전거를 타나 미술관을 다니나」
52.「나도 뉴욕에 아는 사람 있습니다」
53.「넌 나의 다크호스」
54.「정답이 아닌 해답을 찾는 숙제」

00.「에필로그 - 국수 팔고 페달 밟아 LA에서 뉴욕까지」

* 도서, 영화, 노래 등의 제목은 겹낫표『』, 장소, 상호, 제품명 등은 겹화살괄호 《 》를 사용하였습니다.
* 작가의 고유 문체를 지키기 위한 비문이 포함되어 있습니다.

# 1부

**도전하는 사람에게
젊음은 영원한 것이다**

#

어제저녁은 미국의 최대 이벤트가 벌어지는 핼러윈 데이Halloweenday였다. 숙소가 다운타운에서 가까워 새벽 내내 폭죽 터트리는 소리와 사이렌 소리가 들려서 거의 잠을 못 잤다. 자전거 선수였는지, 영어를 잘하는지, 체력은 좋은지, 쉼 없이 들이 닥쳤던 한인 민박 사장님이 쏟아 낸 우려 섞인 질문들에 '아니오'로 대답하고 애써 잠이 들었다.

"괜히 가다가 사고 당하지 말고
차라리 차를 렌트해서 엘에이에서 뉴욕까지
여행하고 한국으로 돌아가세요!"

다음 날 아침, 한인 민박 사장님의 일침에 웃으며 대처하면서 나도 나름대로 준비를 했고 가다가 도저히 못 가

는 상황이 생기면 그때 가서 차로 이동하려고 한다고 말하면서도 내가 왜 이런 설명을 해야 하는지 의아했다. 그리고 방으로 돌아와 자전거에 짐을 싣고 지체없이 민박집을 빠져 나왔다.

첫 페달을 밟는다. 구글 지도 Google Maps를 보며 이동을 시작하고 30분 정도 지나서 다운타운에 진입했다. 자전거 여행의 경험이 전무했던 나는 당연히 자전거도로를 검색해 이동했는데 알고 보니 자동차도로를 검색해야했다.

자전거도로로 안내된 좁은 길, 가장 빠른 길을 통해 다다른 곳은 그 유명한 엘에이 홈리스 텐트촌. 진입하고 나서 조금만 가면 텐트촌에서 벗어날 것이라 기대했는데 페달을 밟고 밟아도 끝이 없었다. 길가에는 약에 취해 허공에다 대고 소리치는 인간. 사람이 있거나 없거나 길에서 대변을 보는 인간. 하수구 맨홀에 머리를 집어놓고 엎드려서 움직이는 않아 자는 건지 죽은 건지 알 수 없는 인간. 말 그대로 영화 같은 장면을 목격하니 말 그대로 새가슴이 되었다. 도로에 지나가는 차가 없어서 전속력으로 페달을 밟아 달린 끝에 마침내 텐트촌을 빠져나왔다. 확인 해보니 거의 4Km 정도 구간을 지나온 것 같았다.

조금 더 힘을 내어 엘에이 외곽으로 이동해 동쪽 방향으로 1시간 정도 달리니 초호화 주택들이 즐비한 지역을 지나게 되었다. 1시간 전에는 홈리스 텐트촌. 그리고 1시간 후에는 초호화 주택 단지를 지나는, 극과 극을 경험한 첫날이었다. 예상했던 시간 보다 2시간 늦은 저녁 6시에 숙소에 무사히 도착했다. 오늘의 주행거리는 128Km 정도.

첫날을 큰 사고 없이 마무리했으니 좋지 아니한가.

# In & Out

둘째 날 아침.
늦잠을 잔 탓에 오전 9시를 넘어서 출발했다.

어제저녁, 숙소에 도착해서 마땅히 할 것이 없어 마트에서 맥주를 사다가 마셨는데 하루 만에 긴장이 풀렸는지 주량을 초과해 들이켜고 또 들이켜버렸다. 과음한 것치고는 기상은 그렇게 늦지 않았지만 일어나 몸을 풀고 아침 식사를 하고 오늘의 라이딩 스케줄 확인하는 것을 완료하니 오전 9시가 지나 출발할 수 있었다. 구글 지도가 가리키는 길로 1시간 정도 이동했을까. 심각한 상황이 발생했다.

오늘의 목적지까지 가려면 인디언 보호구역Indian reservation을 통과해야 하는데 검문소에서 이 지역은 인디언 원주민만 통과할 수 있다고 다른 길을 이용하라며 출입을 막

아셨다. 지도를 검색해 보니 내가 갈 수 있는 길은 고속도로밖에 없었다. 하지만 고속도로는 자전거가 진입할 수 없다. 그래서 떠오른 방법이 이 구간을 히치하이킹으로 통과하는 것. 고속도로 교차로 입구에서 대기 중일 때 경찰이 갓길에 주차해두고 근무하고 있는 것을 보았다. '처음부터 경찰에게 도움을 청했으면 좋았을 텐데'라고 후회한 때는 히치하이킹을 시도했지만 1시간가량을 길에서 낭비한 후였다.

할 수 없이 경찰관이 타고 있는 차량으로 다가가 이곳은 인디언 보호구역이라 자전거로 통과할 수 없다고 들었고 히치하이킹도 힘들다고 말하며 어떻게 하면 이 구간을 통과할 수 있냐고 물어보았고 그는 나 같은 사람을 여러 번 경험했는지 여기서 딱 6Km 정도만 고속도로를 이용한 뒤 반드시 국도를 타라며 '반드시'를 강조했다.

고맙다고 말한 뒤에 자전거 페달을 밟아서 고속도로

진입에 성공한 순간, '자전거, 모터사이클, 보행 금지'라는 표지판이 눈에 선명하게 들어왔다. '만약에 사고라도 나서 문제가 생기면 어떻게 하지?'라는 생각과 '그 경찰관이 나에게 그런 말을 한 적이 없다고 잡아떼면 어떻게 하지?'라는 생각이 머리에서 교차했다. 고속도로에 들어온 이상 어쩔 수 없고 일어나지 않은 문제는 생각하지 말고 우선은 빨리 이곳을 벗어나자는 생각에 우주의 기운을 모조리 모은 듯한 속도로 페달을 밟았다. 고속도로니 당연하게도 차량들은 내 옆을 엄청 빠른 속도로 지나갔고 그중 트럭들은 우리나라의 그것에 비해서 엄청 기다랗고 커다란 위용을 뽐냈다. 그들은 지나가면서 내가 걱정됐는지 아니면 '건방지게 네가 왜 거기서 나와~'라는 뜻을 담았는지 30분 내내 클랙슨klaxon을 울려댔다. 경적이 추진력을 부여했을지도 모를 일이다. 마침내 국도로 진입했다. 어떻게 보면 퍽 짧은 30분이었지만 꽤 짜릿한 경험이었다.

    국도에 접어들고 나니 긴장이 살짝 풀려 낮은 한숨을

내쉬었다. 앞으로도 우여곡절迂餘曲折을 거듭하지 않을까 걱정되고 과연 내가 무지막지하게 남은 거리의 길을 잘 갈 수가 있을지도 생각해 보았다. 잠시 마음을 가라앉히고 구글 지도로 식당을 검색해 보니 가까운 곳에 미국 서부의 상징이라고 할 수 있는 ≪인앤아웃 버거In-N-Out Burger≫가 있었다. 아침 식사도 걸렀고 고속도로에서 체력을 소모한 지라 이곳에서 아침 겸 점심을 먹을 생각으로 이동하는데 ≪인앤아웃 버거≫에 거의 다 도착했을 때 즈음에 또 문제가 생겼다.

가게의 위치가 도로의 반대편에 있었는데 중앙차선을 차단벽으로 막아 놓아 건너갈 수가 없었다. '조금 가다 보면 건널목이나 교차로가 나오겠지'라고 생각하며 앞으로 나아가고 또 나아갔지만 건널목이나 교차로는 나오지 않았다. 그때 깨달았다. 이 도로는 우리나라의 고속도로 휴게소처럼 편도방향만 들어갈 수 있다는 것을. 배가 고프다고 도로 차단벽을 넘어갈 수도 없는 노릇. 한참을 고민하다가 결국은 계속 가기로 결정했다. 비상식으로 가져온 에너지젤과 에너지바가 오늘 먹은 것의 전부. 그렇게 대충 끼니를 때우고 오늘의 숙소에 도착했다.

# 쌍구간

구글 지도로 자전거도로를 검색하면 비포장도로가 나온다. 그리고 포장도로는 없다. 가도 가도 끝이 없고 아무도 없는 길. 무언가 이상함을 감지했을 때 깨끗이 포기하고 돌아 나와 다른 길을 모색했어야 했다. 그야말로 구글 지도의 배신. 유튜브로 미국 자전거 횡단 영상을 보니 내가 지나왔던 길은 비포장된 험한 길에서 고속도로 휴게소로 탈출하는 길인 것을 나중에 알았다. 미처 알지 못했던 길 위의 나는 페달을 굴리고 또 굴렸다. '무식하면 용감하다'는 말은 나를 두고 한 말인 것 같다.

제주에서 국수 팔아 번 돈으로 미국까지 와서 이 고생을 하고 있으니 입에서 쌍이라는 외침이 절로 나왔다. 외치지 않고서는 이 시련을 통과할 수 없었다. 오늘의 일정 중 이 쌍구간을 통과하는 데만 5시간 이상이 걸렸다. 고속도로가 쌍구간으로부터 100m 이내에 있었지만 철조망이 있어 들어가지 못한 채 계속 앞으로 나아갔다. 명색이 비포장도로인지라 자전거 바퀴가 흙모래에 박혀서 안장에서 내려 끌바*로 통과해야만 했다. 후회가 밀려왔다.

'내가 왜 이 짓을 하는 거지.'

셀 수 없을 정도의 쌍쌍을 외치며 나아간 결과, 마침내 다시 포장도로에 합류할 수 있었다. 외쳤던 쌍을 다시 주워 담을 수 없으니 늦게나마 용서를 구했다.

'오, 주여. 앞으로 힘들어도 욕은 안 하겠습니다.'

---

**\*끌바:** 끌고 가는 바이크. 자전거에서 내려서 끌고 걸어 가는 것

# 오, 마이 펑크

'펑크도 못 때우면서
미국을 자전거로 횡단을 한다고?'

드디어 오늘, 타이어가 펑크 났다. 사실 도로 사정으로 보면 그전에 났어야 했는데 4일차에 난 것도 엄청 행운. 도로에는 각종 사고로 파편화된 유리와 플라스틱 조각, 나사와 못 등 헤아릴 수 없이 장애물이 많았다. 유튜브로 미국 자전거 횡단 영상을 보았을 때 라이딩을 시작 하자마자 펑크가 나서 '저건 주작인가'하고 의심을 가졌었는데 그것은 나의 오판이었다.

미국을 자전거로 횡단하겠다는 대의를 품고 온 나이지만 놀랍게도 펑크가 난 타이어를 한 번도 손수 고쳐본 적

이 없어서 막막했다. 신기하게 제주에서는 펑크가 난 적이 없다. 남의 도움을 받는 것이 더 빨리 문제를 해결할 수 있다고 판단한 나는 곧 주특기가 될 것만 같은 히치하이킹을 시도했다. 운이 좋았는지 아니면 전생에 나라를 구했는지 딱 한 번 손을 들어 불쌍한 표정을 지었는데 워싱턴에서 휴가 차 이곳을 방문한 세라와 에릭을 만났다. 가는 길이 다른 방향인데도 불구하고 25Km 정도를 달려 자전거 점포까지 데려다 주어 고맙고 고마웠다. 가는 날이 장날이라고 했던가. 올 때까지는 기가 막히게 운이 좋았는데 자전거 점포에 도착하니 일요일이라 휴무. 일요일이라도 이제는 헤어져야 할 시간. 세라와 에릭에게 감사의 인사를 전하면서 제주의 《고산 상회》에서 만들어 주신 장구, 복조리 등으로 구성된 K-굿즈를 선물로 건네고 인사를 나누었다.

헤어짐 후엔 또 다른 만남이 있는 법. 길을 지나던 인상 좋게 생긴 총각(총각인지 아닌지는 확인되시 않았다.)에게 "플리즈~"와 더불어 "헬프 미~~"를 큰소리로 외쳤다.

총각은 아메리카 대륙의 국민답게 "No worry"를 당당하게 외치며 펑크난 튜브에 패치를 붙이려고 노력했는데 자꾸 떨어지자 본인도 미안했는지 머쓱하게 내 얼굴을 바라봤다. 그때 생각난 것이 제주로부터 가지고 온 여분의 예비용 튜브. 3시간을 보낸 후, 문제에 대한 해답을 결국 제주로부터 발견한 셈이었다.

'너무 긴장을 했나.
펑크가 났을 때
왜 예비용으로 가져온 여분의 튜브로 갈아 끼울
생각을 못 했지?'

후회가 밀려왔다. 그리고 다음부터는 이런 멍청한 짓은 하지 말아야겠다고 다짐했다. 돌이켜 보니 제주로부터 날아든 해답은 머나먼 이국땅에서 만난 미국 친구들이 베푼 도움으로부터 비롯됐다. 감사하고 고마웠다.

'근데 재현아~ 다음에 또 펑크 나면 어쩔 거니~?'

# 잠은 잤으니까

　　정말이지 말도 안 되는 가격의 말도 안 되는 숙소에서 하룻밤을 보내고 아침 일찍 도망치듯 나왔다. 오늘이 미국 대통령 선거일인데 제발 누가 되든지 당선자는 미국의 모텔 주인들을 모아서 한국 모텔 벤치마킹 연수를 다녀오길 기대해 본다.(결국, 트럼프가 되었는데 안할 것 같다.)

　　아침에 눈을 뜨니 파리 떼가 이불보에 다닥다닥 붙어 있어서 소스라치게 놀랐다. '분명 어제저녁에는 몇 마리 없었는데…' 새벽에도 내 얼굴 근처에서 앵앵거리며 날아다녀 엄청 신경 쓰여서 이불을 푹 뒤집어쓰고 잤다. 잠을 잤다기 보다 눈을 감았다 뜬 상태로 무거운 몸을 일으켜 체크아웃 할 때 프런트에 항의하러 갔지만 아무도 없었다. 프런트에 새겨진 '우리는 당신을 위해 완벽한 방을 준비했답

니다'라는 문구가 잠을 못자 퉁퉁 부은 눈꺼풀을 헤집고 들어왔다. 헛웃음이 나왔다. 조금 위안이 되는 것이라면 어제 체크인 시 멕시코 사람으로 보이는 여자 주인장이 10달러를 디스카운트해줬다는 사실. 원래 정상가격이 그 가격이었는지도 모르지만.

"너는 대단한 행운아야."

어젯밤 그녀가 내게 던졌던 한 마디를 인사치레라고 생각했는데 이 지역은 멕시코 국경과 맞닿아 있어서 동서남북 약 65Km 반경으로는 숙소가 딱 이곳 한 곳뿐이고 주위에는 아무것도 없다는 사실을 알게 됐다. 거짓말처럼 다행인 것은 숙소에서 멀지 않은 곳에 조그마한 마트가 있어서 저녁은 먹을 수 있었다. 멕시코 국경과 맞닿아 있어 국경순찰차가 수없이 다니고 있다. 헬리콥터는 하늘을 돌면서 불법 이민자를 감시하는 것 같은 느낌이 들었다. 나의 머리 위에서 두 바퀴 정도 돌더니 다시 엄청난 굉음을 내며 저쪽 지상으로 하강했다가 다시 방향을 틀어서 다른 곳으로 날아갔다. 그리고 멕시코 국경 분계선에서 내가 가는 방향과 반대에서 오던 덴마크 라이더 삼촌을 만났다.

그 삼촌은 애리조나 피닉스에서 엘에이를 거쳐서 덴마크로 돌아간다며 나에게 애리조나까지는 사막만 있고 매우 힘들 테니 물과 여분의 비상식량을 준비하라고 말했다. 뉴욕까지 간다는 내게 응원한다는 말을 건네 주었고 함께 기념 촬영을 하고 헤어졌다.

'피닉스까지만 자전거로 이동하고
자동차를 렌트해서 뉴욕까지 갈까...'
'이놈의 잔머리를 미국에 와서까지 굴리다니~'

마음을 다잡고 페달질을 하여 가도 가도 끝나지 않을 것만 같은 사막을 가로 질러 오늘의 숙소에 도착했다. 어제의 숙소보다 저렴한데 시설은 몇 배는 더 좋은 것 같은.

어제는 그 마을에 숙소가 딱 한 곳이었으니까. 그러니까. 유일무이하니까. 배짱두둑 했을지도. 그래도 감사하다. 잠은 잤으니까~ 입술 사이로 웃음이 피식 새어나왔다. 아무렴 어떤가 싶었다.

# 땡큐 베리 머치, 앤디

내게 인류 최고의 발명품이 뭐냐고 묻는다면 구글 지도라 말하겠지만 오늘부로 자전거도로 안내는 쓰지 않기로 결정했다. 구글 지도에서 안내하는 미국의 자전거도로는 극락왕생極樂往生으로 가는 길인 것 같다. 3일 차에 자전거도로로 들어갔다가 엄청 고생했었는데 오늘도 똑같은 경험을 했다.

분명히 어젯밤에 지도를 검색하면서 코스를 예습했는데 아침에 출발해서 잘 가다 비포장도로를 맞닥뜨렸고 길 없음으로 귀결되어 비포장도로를 다시 달렸다. 왕복 12Km, 도합 3시간 정도를 구글 지도가 안내해줬던 자전거도로 위에서 버렸다. 다시 원점으로 돌아와 오늘의 목적지로 출발했는데 바람이 장난이 아니게 불었다. 살면서 제주도가 바람이 제일 센 줄 알았는데 말마따나 우물 안 개구리였다. 이곳이 더 강하다.

결국은 자전거 안장에서 엉덩이를 떼고 끌바로 가다가 다시 타다가를 반복했다. 2시간 동안 10Km도 못 온 것 같다. 이러다가는 다음날 새벽이 되어서야 오늘의 목적지에 도착할 것 같아 잊을만하면 다시 돌아오는 히치하이킹을 시도했다. 30분정도 지났을까. 미국인 친구 앤디를 만났다. 그는 나에게 어디까지 가냐고 물었고 뉴욕까지 간다고 대답했을 때 그는 믿기지 않는다는 표정으로 다시 한 번 물어보았다.

"어디까지 가???"

그래서 다시 한 번 마지막 종착지는 뉴욕이라 말하니 그는 믿을 수 없다는 표정을 지으며 다시 한 번 또 물었다.(우리나라 사람만 삼 세 번인 줄 알았는데 미국인도 삼 세

번이더라.) 앤디와 대화를 나누며 우리가 흔히 알고 있는 동부 뉴욕이 있고 애리조나에도 뉴욕이 있다는 것을 알았다. 대한민국에도 강원도 고성이 있고 경상도 고성이 있는 것처럼. 다시 한 번 'EAST' 뉴욕이라 큰소리로 말하니 앤디는 놀라워하며 미국인들도 서쪽으로부터 동쪽까지의 횡단은 자동차로 더러 하지만 자전거는 보지 못했다며 놀라워했다.(미국 사람은 사 네 번인가?) 앤디가 왜 미국 횡단을 하는지 물었을 때 부족한 영어실력으로 "JUST ENJOY"라고 말할 수밖에 없었는데 그는 고개를 좌우로 흔들며 "CRAZY"를 연발했다. 내게 응원과 지지를 보내며 위급상황에 대처할 때 유용한 여러 가지 팁을 알려 주었다.

"숙소를 구하지 못하면 교회에 가서 도움을 요청해."
"사고가 나서 병원에 가게 되거든
소셜 오피스를 불러 달라고 요청해서
사정을 말하면 병원 치료비를 감면 받을 수 있어."
등등 지금까지 몰랐던 유익한 정보를 조건 없이 알려주었다. 그렇게 짧은 만남을 뒤로하고 바람이 잠잠한 곳에서 앤디와 헤어진 뒤 다시 오늘의 목적지를 향해 출발했다. 그리고 다시 얼마 못 가서 강한 맞바람과 다시 만났지만 앤디의 응원을 동력삼아 있는 힘을 다해서 페달을 밟고 밟은 끝에 숙소에 들어왔다. 이곳에 올 수 있었던 건 앤디와의 만남이 8할이다.

# 로드킬

총 207Km 중 85Km는 히치하이킹을 이용. 캘리포니아에서 애리조나 주로 넘어왔다. 구글 지도를 통해 확인하니 지금까지 이동한 총거리는 623Km. 엘에이부터 뉴욕까지 6,680Km 이므로 목표 달성률은 약 10%. 위급한 상황이 아니면 히치하이킹을 하지 않으려 마음을 먹었는데 마음은 마음으로 머물렀고 정작 히치하이킹으로 많은 도움을 받았다.

지금까지 라이딩을 하면서 제일 힘들다고 느낀 몇 가지는 좁은 자전거도로와 강한 맞바람, 그리고 도로에서 비명횡사非命橫死한 동물들이다. 마지막은 내가 미처 생각하지 못한 고난이었는데 미국의 도로에는 수많은 동물들의 사체가 뉘어져 있었다. 길을 지나며 로드킬roadkill을 당한 수

많은 동물들을 목격했고 움찔하면서 '나도 저렇게 되지는 않을까'하고 걱정했다.

미국은 땅이 워낙 넓다 보니 로드킬을 당한 동물들이 종류별로 너무 많았고 크기 또한 엄청 컸다. 우리나라에서는 주로 길고양이 아니면 주인 없는 개 정도를 손에 꼽을 정도로 보곤 했는데 이곳은 보통 노루 아니면 이름을 알 수 없는 정체불명의 큰 동물들이 로드킬을 당한 채 도로 중앙 또는 갓길에 널려져 있었다. 그리고 죽은 지 얼마 안 된 동물이 도로가에 있으면 그것을 노리는 까마귀 떼가 그 위의 하늘에서 원형을 그리며 유유히 날고 있었다. 왠지 '죽고 사는 거 별거 아니야~'라고 조소하는 듯 했다.

라이딩 도중에 대형 트럭이 나를 치어서 도로에 널브러져 있으면 로드킬을 당한 동물과 뭐가 다를까 생각했다. 때문에 대형 트럭이 내 옆을 지나갈 때마다 심장이 멎는듯 했다. 하지만 '사람이 죽고 사는 것은 다 하늘의 뜻이다'라

고 생각하니 뭐 또 그렇게 겁날 것도 없었다. 이렇게 의연한 척 해놓고서 내일 아침에 대형 트럭이 내 옆을 쌩하고 지나가면 엄청 쫄겠지만 그렇다고 여기서 포기할 수도 없다. 많은 미국인의 격려와 도움으로 애리조나 주의 주도인 피닉스에 도착했다. 너무 기쁘다. 미국 종단 코스는 총 15개 주를 통과하게 돼있는데 벌써 2개 주를 정복한 셈이다. 다음 목표는 애리조나에서 뉴멕시코로. 동쪽으로.

'재현아. 앞으로도 파이팅이다!'

# 황금연휴

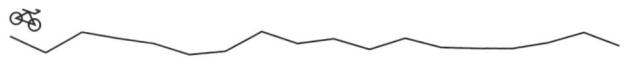

'갈까? 말까?'

어젯밤, 고민했다. 애리조나 피닉스로부터 동북진해서 뉴욕으로 갈 것인가 아니면 그랜드 캐니언Grand Canyon 사우스 림South Rim에 갔다가 다시 돌아와 피닉스에서 뉴욕으로 갈 것인가 고민하다가 그랜드 캐니언에 가기로 결정했다. 그랜드 캐니언까지 왕복으로 대략 800Km. 라이딩을 해서 간다면 투어까지 포함해 10일 이상 소요될 것으로 예상된다. 일정을 단축하기 위해 버스로 이동해 가고 자전거를 이용해 나오는 방법으로 결정했다.

그랜드 캐니언까지는 버스를 두 번 이용해야 했는데 첫 번째 버스는 자전거를 싣는데 문제가 없는 대형버스였지만 두 번째 버스는 규정상 자전거를 실을 수 없는 소형버스였던지라 버스기사가 자전거와 나의 탑승을 완강히 거부했다. 나는 내가 보기에도 비굴할 정도로 "플리즈~~"를 연발하며 사정사정 부탁했지만 버스기사는 승차 규정 매뉴얼을 보여주며 자전거는 실을 수가 없다며 "no way!"만 외쳐댔다. 지푸라기도 잡는 심정으로 번역기를 이용해 "당신의 호의와 자비를 베풀어 주시기를 정중하게 부탁드립니다"라고 마지막으로 호소했고 그는 한참을 생각하더니 내가 불쌍해 보였는지 마침내 자전거를 실을 수 있도록 허락해 주었다.

그는 버스 뒤 칸에 자전거를 실어 주며 "그랜드 캐니언에서 나올 때 당신의 자전거를 실어주는 버스는 없을 겁니다"라고 말했다. 버스기사 뒷좌석에 탑승 완료. 그는 반복해서 탑승 거부했던 것이 미안했던지 "오늘 숙소는 예약했나요?"라며 내게 먼저 말을 걸었다. 오늘이 재향군인의 날Veterans Day에다가 토요일과 일요일이 겹쳐서 4일간의 황금연휴라고 말했을 때 흘려 들었는데 도착해서 엄청난 대가를 치러야 했다.

버스는 저녁 7시쯤 그랜드 캐니언 사우스 림 주차장에 도착했다. '오늘은 어디서 묵을까?' 설레는 마음을 안고 휴대전화 애플리케이션을 검색했지만 빈방은 거의 없었고 내가 감당하기 힘든 금액의 황금 같은 숙소만이 검색됐다. 워크인 예약이 가능할지도 모른다는 생각에 호텔이나 롯지lodge로 들어갔지만 빈방은 없었다. 버스기사가 숙소를 예약했냐고 물어봤을 때 도착해서 구한다고 호기롭게 말했는데 텐트 치고 노숙을 해야 할 판. 바람이 엄청 불어 부쩍 차가워진 공기가 야속했다.

'어떻게 하지…'

망설이다가 다시 검색해 보니 가까운 롯지의 빈방이 1박에 321달러한화 약 47만 원. 잠시 고민한 끝에 더 머뭇거리다

가는 다른 게스트가 먼저 예약을 할지도 모른다는 생각에 2박을 642달러한화 약 94만 원에 예약해'버렸다.' 실제 청구되는 금액은 아니지만 체크인하면서 보증금으로 100달러를 결제 당했다. 지금까지 세계여행을 하면서 이렇게 비싼 금액의 숙소는 이용한 적이 없어 돈이 아까운 것은 어쩔 수가 없는 노릇. 롯지는 그랜드한 가격에 비해 시설이 많이 낡아 있었다. 불행 중 다행인 것은 욕조가 있다는 사실. 욕조에 뜨거운 물을 받아 몸을 담갔다. 노곤해진 몸이 뱉어내는 낮은 탄성이 입술 사이로 새어 나왔다. '내가 언제 여기를 와보겠어'라며 스스로를 위로하며 앞으로 이틀간의 그랜드 캐니언 일정은 황금연휴에 황금 같은 숙소 값만큼이나 값진 여행을 해보기로 마음먹었다.

# 도전하는 사람에게
# 젊음은 영원한 것이다

그랜드 캐니언에서 맞는 첫 아침. 어제저녁에 오늘의 일출을 보려고 계획하고 아침에 밖으로 나갔다가 다시 돌아왔다. 너무 추워서. 11월 초 중순임에도 불구하고 이곳은 내가 생각한 것보다 훨씬 더 추웠다. 숙소로 돌아와 침대의 이불 속으로 몸을 구겨 넣었다. '일출은 내일 아침에 보면 되지'라고 생각하면서. 오전 10시까지 침대에 누워 있다가 롯지에 있는 식당에 가서 아침식사를 하고 사우스 림 입구로 출발했다. 어제저녁에 늦게 도착해서 미처 깨닫지 못했는데 숙소에서 사우스 림 입구가 엄청 가까웠다. 발걸음을 옮기며 주위를 살펴보니 캠핑카가 꽤 많이 있었다. 황금연휴인 지금, 이곳에 있는 호텔이나 롯지의 가격이 미국인 입장에서도 꽤나 비쌀 테고 식당에서 판매하는 음식 또한 상상을 초월할 정도로 비싸기 때문에 현지인들은 캠핑카를 이용해서 숙박을 해결하고 음식도 직접 조리해 먹는 것 같았다. 트레킹 코스로 이동하면서 캠핑카를 지날 때마다 풍겨 오는 음식 냄새가 꽤 좋았고 퍽 부러웠다.

'언젠가는 나도 캠핑카를 이용해서
그랜드 캐니언에 다시 한번 오고 싶다.'

오늘의 첫 코스인 그린라인에 도착했다. 이내 TV에서만 보았던 어마어마한 광경이 눈앞에 펼쳐졌는데 그 모습은 방대한 미국 대륙의 스케일을 닮아 엄청 넓고 높았다. '전 세계 사람들이 그랜드 캐니언에 올 수밖에 없겠구나'를 읊조리며 트레킹을 시작했다. 보통은 셔틀버스를 이용해서 끝지점까지 갔다가 다시 원점으로 걸어서 돌아오는데 나는 그냥 걸어서 끝까지 갔다가 다시 걸어서 나오는 방법을 선택했다. 그린라인 한 코스를 도는 데만 5시간 정도 소요되었는데 볼 것은 많아 시간이 정말 빨리 지나갔다. 그랜드 캐니언 사우스 림의 삼분의 일 정도를 보았을 뿐인데 시계는 벌써 오후 4시를 가리키고 있었다. 기상예보를 확인하니 오후 5시 25분에 일몰인데 벌써부터 기온이 내려가는 것이 느껴졌고 사위가 어두컴컴 해졌다. 사우스 림에는 그린라인, 레드라인, 그리고 캐니언 아래로 왕복 14Km의 트레킹 코스가 있는데 본래는 오늘 그린, 레드라인을 보고 내일 14Km 트레킹을 하는 것이었는데 계획을 수정해야만 할 것 같았다. 내일은 내일이고 강풍에 으슬으슬해진 몸을 움직여 이곳에서 일몰을 보기에 제일 위치가 좋아 보이는 카페에 들어가 자리를 잡았다. 수많은 젊은이들이 인생샷을 찍으려고 밖에서 대기하고 있는 모습이 눈에 들어왔다. 카페에서 여러 가지 포즈를 취하며 사진을 찍고 있는 그들을 구경하다가 무언가에 이끌린 듯이 카페 밖으로 나와 나도 그들 속으로 스며들었다. 얼마나 시간이 흘렀을까. 그랜드 캐니언의 일몰이 눈앞에 펼쳐졌을 때 '갈까? 말까?' 망설인 끝에 이곳에 오기로 결정한 나 자신을 칭찬했다. 그리고 젊은이들과 함께 어깨를 나란히 하며 일몰을 바라보면서 생각했다.

'도전하는 사람에게 젊음은 영원한 것이다.'

이 멋진 장면을 마주하지 못한 채 계속해서 앞만 보고 뉴욕을 향해 페달을 밟았을 나를 생각해 보니 가끔 이렇게 노선을 달리하는 여행이 큰 행복감을 가져다 주는구나 생각했다. 인생도 여행도 정답은 없겠지. 해답은 있을지라도.

# 해피 오프닝과 새드 엔딩

그랜드 캐니언에서 맞는 이틀째 아침. 오전에는 어제 가지 못했던 레드라인 코스를 보고 오후에는 그랜드 캐니언에서 벗어나 애리조나 피닉스 방향으로 나가는 일정이다. 아침에 셔틀버스를 이용해 레드라인 끝까지 갔다가 트레킹을 이용해서 숙소로 돌아와 체크아웃하고 여행자 센터에 들러 간식을 구입한 뒤 짐을 정리하는데 캐나다에서 오신 부부가 자전거에 단 태극기를 보시며 한국인이냐고 물어보았다. 나는 자신 있게 한국인이며 엘에이에서 뉴욕까지 횡단 중이라 말했다. 부부는 놀라워하며 그들도 캐나다에서 자전거를 즐겨 타는데 반갑다면서 내게 질문했다. 자전거 페달을 밟은 지 며칠 안됐지만 거의 매일 듣는 바로 그 질문.

"왜 이런 힘든 횡단을 하는 건가요?"

우리나라에서 내가 미국 횡단을 선언했을 때 가장 많이 들었던 질문은 자전거에 관한 거였다.

"얼마짜리 자전거를 가지고 가요?"
"자전거는 어디 제품이에요?"

그렇다. 주로 여행경비 아니면 돈에 관한 질문들. 하지만 이곳에서 만난 사람들 대부분은 '너는 왜 여행하며 이번 여행을 통해 무엇을 얻고 무엇을 느꼈는지'를 많이 물어보았다. 솔직히 나 자신도 아직까지 내가 왜 엘에이부터 뉴욕까지 페달을 밟을 결심을 했는지 정확하게 대답할 수 없었다. 그래서 숙소에서 프런트 직원이 '왜 횡단을 하냐'고 보았을 때 'Just Enjoy'라고만 말했다. 뭐 거창하게 이것은 나의 꿈이고 도전이고 하면서 말하고 싶은 적도 있었지만 정확히 들여다보면 나는 내가 머물러 있는 일상으로부터 잠깐 가출을 한 것뿐이라고 생각했다. 그렇다고 '나,

집 나온 거예요'라고 말하기는 싫었다. 캐나다에서 온 부부와 기념촬영을 하고 난 뒤 의도치 않게 전 세계로부터 이곳을 찾은 관광객들에게 많은 박수를 받았다. 짐이 가득한 자전거를 이끌고 여행하고 있다는 이유도 있지만 성조기와 태극기를 함께 달고 있어 관심을 불러일으켰던 점도 있었던 것 같다.

연예인이라도 된 것처럼 여러 관광객과 기념촬영(?)을 마치고 드디어 그랜드 캐니언을 벗어나 애리조나 피닉스 방향으로 달리기 시작했다. 오늘의 목적지까지는 4시간 달리면 도착할 수 있을 것이라 예상했다. 많은 사람들의 응원을 받아 기분이 우쭐했던 차에 지도의 거리를 잘못 보았는지 한참을 가다가 확인해 보니 목적지가 예상했던 것보다 훨씬 먼 거리에 있었다. 그리고 그렇게 먼 거리를 달려서 목적지에 도착해야만 숙소가 존재했다. 그곳밖에 없었다. 오후 4시가 넘어가자 마음이 초조해지기 시작했다. 앞으로 한참을 더 가야 하는데 갈 수 없을 것 같아 할 수 없이

히치하이킹을 시도한 끝에 성공했다.

엄마와 딸 둘, 엄마의 친구로 보이는 네 명이 차에 타고 있었는데 처음에는 그냥 지나쳐 갔다가 다시 방향을 꺾어서 돌아왔다. 그들은 이곳은 차량 통행이 적고 조금만 있으면 사위가 어두워진다며 처음에는 그냥 지나갔다가 내가 걱정되어 다시 돌아왔다고 말했다.

차에 타고나서 알게 된 사실은 내가 가고자 하는 곳과 그들의 목적지가 멀리 떨어져 있다는 사실. 나는 미안한 마음에 엄마로 보이는 그녀에게 가다가 편한 곳에서 내려 주면 그다음부터는 알아서 가겠다고 말했지만 그녀는 괜찮다며 내가 예약한 숙소 근처까지 데려다주었다. 여기까지는 정말이지 나이스~! 이렇게 끝나면 김재현의 여행이 아니지.

이동하면서 숙소를 예약할 때 햇빛에 휴대 전화 화면

이 반사돼 잘 안 보였던 결과, 숙소까지의 거리가 80Km인데 8Km로 착각하고 예약해버렸다. 문제는 당일예약이라 가지 못할 경우 돈을 돌려받지 못한다는 것. 숙소에 메시지를 보내봤지만 돌아오는 대답은 없었고 근처의 새로운 숙소에 들어와 직원에게 도움을 받아 전화를 시도해 예약취소를 요청했지만 돌아온 대답은 'No'. 그리고 자정이 되자마자 가지도 못한 숙소의 숙박비가 결제되었다고 문자가 왔다. 프로모션으로 50% 할인된 가격에 예약을 한 것을 그나마 다행이라고 말할 수 있을까. 그리고 지금까지 미국인들의 도움을 많이 받았으니 미국 시민 경제에 이바지했다고 생각하면 그나마 괜찮을까 싶었지만 부글부글 끓는 기분은 좀처럼 사그라들지 않았다.

2부

# 안장鞍裝 위 인생

# 길 위에서 배우는 것

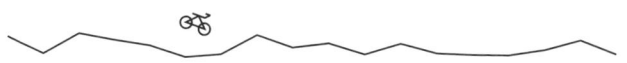

오늘에야 알았다. 나보다 먼저 미국 자전거 횡단을 하신 분들이 왜 루트 66*을 포기하고 멕시코 국경에 붙어서 횡단을 하는지를.

원래 나의 계획은 엘에이에서 루트 66을 이용해 시카고로 이동한 뒤 뉴욕으로 동진하는 것이었는데 11월과 12월은 눈이 많이 와서 이 길이 통제된다는 사실과 자전거를 타고 통행이 불가능하다는 사실을 간과했던 것이다. 그 사실을 오늘에서야 안 나는 늦게나마 멕시코와 미국의 국경을 따라 동진하면서 가다가 뉴욕을 향해 북진하는 것으

---

**\*루트 66:** 미국 66번 국도. 미국의 국도(US 하이웨이) 제66호선. 일리노이주 시카고와 캘리포니아주 로스앤젤레스를 잇는 총연장 약 2,500마일(약 4,000Km)의 국도로 미국 중서부의 주요 도시들을 이어주는 서부의 축선 중 하나다. 특히 이 도로는 "마더 로드(Mother Road)"라고도 부를 정도로 미국인들에게는 다양한 추억과 향수 비슷한 문화코드로 자리매김하고 있는데, 관련해서 냇 킹 콜의 노래 『Route 66』가 유명하다.

로 경로를 수정했다. 결국, 거리는 늘어났고 당연히 계획한 것보다 시간이 더 소요되겠지. 마음먹은 대로 술술 풀린다면 휴지지 인생도 여행도 아니지. 그렇게 인생도 여행도 이 길 위에서 배운다.

# 새가슴 라이더

　어제 컨디션이 좋아서 잘 간다 했다. 어제 너무 무리를 했는지 아니면 내가 연식이 좀 돼서 그런지 아침부터 무릎이 아팠다. 소염제를 먹고 아침 일찍 라이딩을 시작했다. 작은 도로를 빠져나와 큰 도로에 합류하니 맞바람이 엄청 세게 분다. 무릎도 안 좋은데 맞바람까지 맞으니 안장에서 내려 걷는 거나 타는 거나 속도는 똑같은 것 같다. 걷거나 타거나 계속해서 전진.

　점심시간 지나자 오늘따라 체력이 급하강함을 느꼈다. 길바닥에 이름을 알 수 없는 동물이 로드킬을 당한지 얼마 되지 않아서인지 사체에서 흘러나오는 핏물이 도로를 흥건히 적시고 있는 모습을 목격하자 '나도 아차 하면 저렇게 되겠지...'라는 생각이 머리를 스쳤다. 뭐 어차피 죽고 사는 것은 다 하늘에 뜻이라 생각하니 또 그리 무서울 것도 없었다. 아무렴 어떤가 싶었다.

　　지금까지 오면서 비포장도로는 피하려고 했었는데 이번 길은 살펴보니 포장도로로부터 멀리 떨어져 있었고 같은 방향으로 길게 뻗어 있었다. '그래, 저기로 가자.' 어차피 맞바람에 속도도 안 나오고 갓길에는 나무그늘도 있으니 쉬어가면서 갈 생각으로 이동했다. 그렇게 비포장도로를 계속 가는데 오늘의 컨디션으로는 도저히 목적지까지 가지 못할 것 같았다. 할 수 없이 포장도로로 다시 나와 30분 정도 히치하이킹을 시도한 결과, 은퇴한 교사 부부의 차를 얻어 타고 숙소에 도착할 수 있었다. 이 천사 같은 부부는 처음에는 그냥 지나쳤다가 한참을 지나서 다시 돌아와 나를 태워주셨다. 갓 블레스 유. 숙소에 도착하니 이번엔 자전거 컨디션이 좋지 않다. 자전거를 분해해서 차에 실을 때 짐칸이 좁아 나도 모르게 앞바퀴 브레이크를 잡아버려서 앞바퀴의 탈착이 되지 않았다. 시차를 뛰어넘어 나의

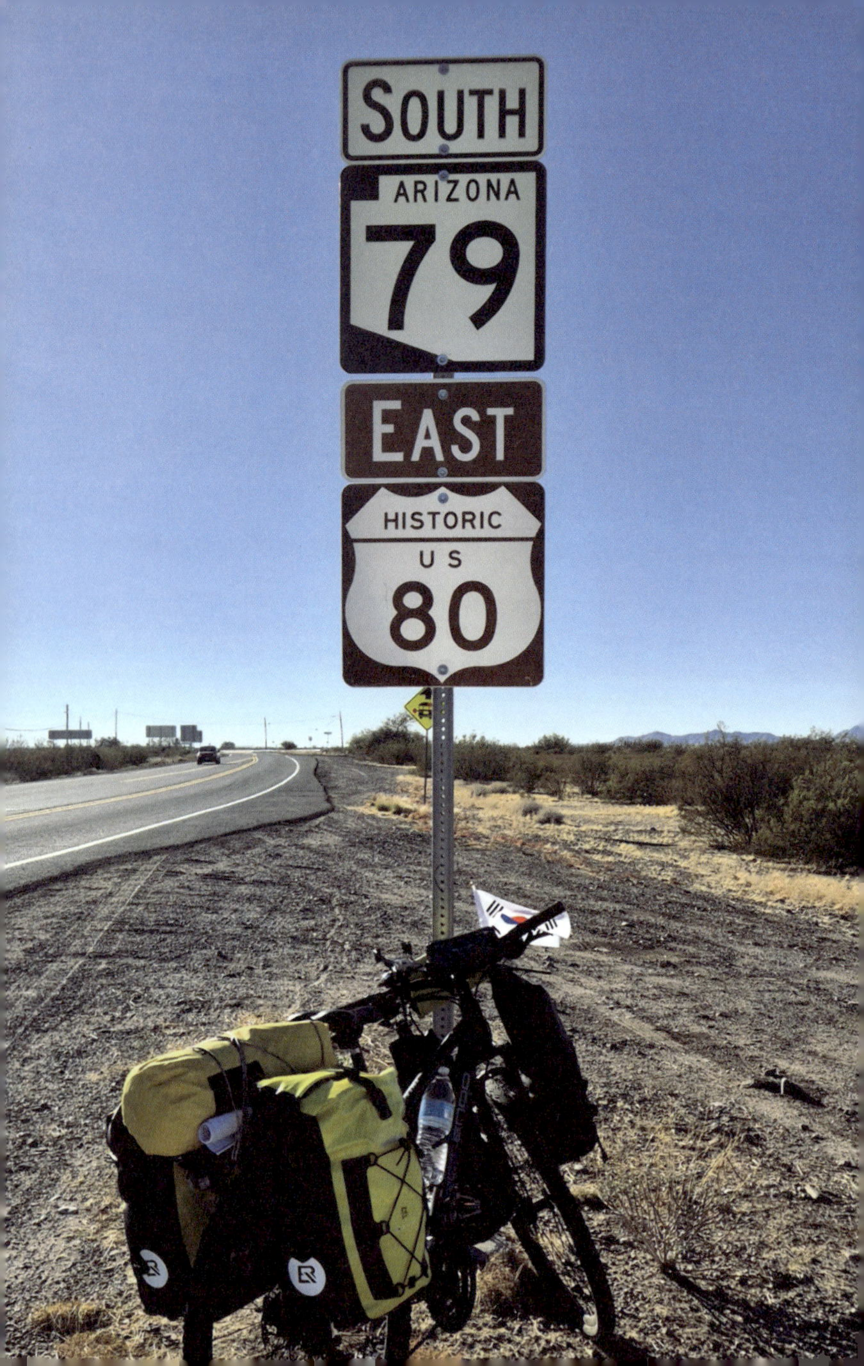
SOUTH
ARIZONA
79
EAST
HISTORIC
US
80

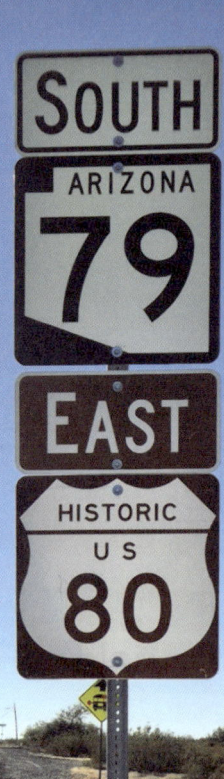

자전거 정비 스승님인 신창윤 형님에게 메시지로 진단받아서 수리를 해낼 수 있었다. 이지경이 되고 나니 나는 하나부터 열까지 다른 사람의 도움으로 횡단을 하는 듯싶구나. '감사드립니다. 모든 분들께.'

끝날 때까지 끝난 것이 아니다. 여기까지는 아주 나이스하게 지나갔는데 이번에는 숙소 방에서 문제가 벌어졌다. 노담인 내방에서 갑자기 화재경보기 소리가 울렸다. 잘못한 게 없는데 괜히 겁이 났다. 직원이 왔고 경보기 장치가 고장 나서 오작동 했다고 미안하다고 하며 다시 새것으로 교환하고 돌아갔다. '아무 잘못도 안 했는데 왜 겁먹었지? 새가슴인가?'

잘못도 안 했는데 지레 겁먹는 새가슴 라이더는 앞으로 무슨 일이 일어날지 기대되지만 모든 것이 처음이라 더불어 겁도 난단 말이다!

#

오늘은 결국 헛발질만 하다가 끝난 라이딩이었다.

아침 식사로 ≪맥도날드≫에 갈까 아니면 ≪서브웨이≫에 갈까 고민하다가 그래도 건강을 따지면(?) ≪서브웨이≫가 좋을 것 같아 그곳으로 향했다. 오늘의 첫 번째 화근이 될지도 모르고.

문을 열고 들어가 주문을 하려는데 홈리스로 보이는 노숙자 아저씨가 바로 따라 들어왔다. 약에 절어서 몸을 가누지 못하고 휘청거리는 것처럼 보였다. 우리나라에서 노숙자들은 주로 술에 취해 있지만 지금까지 맞닥뜨린 미국 노숙자들은 대부분 약에 취해 있는 것 같다. 헬멧이랑 고글을 쓰고 있었던 나는 다행히 그와 눈이 마주치지는 않았다. 그는 가게 천장에 대고 뭐라고 소리를 질러 댔는데 남녀 직원 2명은 아무 말도 하지 못하고 서로 눈치만 보고 있었다. 한눈에 보기에도 그들은 어려 보였고 가만히 지켜보고만 있으면서 아무런 대처를 못하는 상황이 충분히 이해가 갔다. 홈리스로 보이는 남자는 계속 두서없이 뭐라고 소리만 외칠 뿐 나에게 특별히 위해를 가하는 행동은 하지 않았다. 나는 빨리 주문을 한 뒤 포장해서 가게를 빠져나왔다. 근데 나와서 가다가 보니 며칠 전에 거금을 주고 산 장갑 한쪽이 보이지 않았다.

'아~ 내가 당황해 ≪서브웨이≫에서 떨어뜨렸구나…'

돈도 돈이거니와 마음에 들어 산 장갑을 몇 번 써 보지도 못하고 잃어버릴 수는 없다는 생각에 다시 온 길을 거꾸로, 그러니까 역방향으로 위험을 무릅 쓰고 달렸다. 차가 내 앞으로 지나가고 나는 장갑 찾겠다고 역방향으로 달리고 있는 상황. 아침이라 차가 별로 없는 게 다행이었

다. 그렇게 2Km를 달려 도착한 그곳 복도에 장갑이 떨어져 있었다.

장갑을 찾아 들뜬 기분에 신나게 달렸다. 얼마 지나지 않아 비포장도로의 등장. 그리고 자전거 타이어의 펑크. 이제는 좀 무던해진다. 이 정도로 도로 사정이 좋지 않은데 매일 펑크가 안 나는 게 기적일 정도니까. 지나가는 동네 삼춘* 차를 얻어 타고 다시 큰길가로 나와 타이어를 교체하고 달렸지만 계속 가도 오늘의 숙소는 너무 많이 떨어져 있어 도착하지 못할 것 같다고 판단되어 다시 돌아가기로 결정했다.

---

**\*삼춘:** 삼춘은 제주도 방언 가운데 가장 정겨운 호칭이다. 친족 계보를 허물고 촌수 개념도 무시하고 쓰이는 말이다.

결국 오늘은 하루 종일 헛발질만 한 셈이 됐다. 저녁 7시에 오늘 체크아웃했던 숙소에 다시 도착하니 직원이 어떻게 된 일이냐며 물어본다. 아침에 뉴욕을 향해 달려 나간다고 자신 있게 말하고 나왔는데 말이다. 어쩔 수 없지. 오늘의 고난과 역경도 초반에 고생 좀 하고 후반에 편하게 가라는 하늘에 계신 신의 계시라 믿어보는 수밖에.

# 나는 개가 무섭다

어제저녁부터 계속 비가 내렸다. 일기예보에는 아침 7시에 비가 그치는 것으로 나왔는데 오전 10시가 넘었는데 그칠 줄 모른다. 고민했다. '갈까? 말까?' 하염없이 내리는 비를 보다가 결국 출발하기로 마음먹었다. 우리네 인생도 쨍하고 해 뜰 날도 있고 우중충하게 비 오는 날도 있듯이 비가 온다고 담배 냄새에 찌든 숙소에 계속 있기도 애매했다. 숙소를 나와 30분 정도를 달리니 비가 멈추더니 날씨가 좋아졌다.

'그래, 나오길 잘했지.'

나 스스로를 칭찬하는데 갑자기 세 마리의 개가 짖어대면서 나를 쫓아온다. 보아하니 맹견은 아닌데 그렇다고 조그마한 개도 아니다. 미국 오기 전 자전거 횡단기를 보면 주인 없는 개 때문에 아니면 주인이 있어도 그냥 방치해 놓은 개 때문에 엄청 고생했다는 내용이 나오는데 지금 내가 그 내용의 주인공이 된 셈. 개에 물릴까 겁나서 죽어라 페달질을 하고 개들은 계속 짖으면서 따라오는 상황. 무서웠다. 나는 개가 무섭다. 내리막길이라 빠른 속도로 달려 개들로부터 멀어졌다. 오늘따라 유난히 많은 개들이 짖어대고 쫓아오는 상황에 직면하니 어제 월마트 지날 때 미국 우체국 직원들이 사용한다는 맹견 퇴치용 스프레이를 살까 말까 하다가 가방에 짐이 늘어나는 게 귀찮아서 안 샀던 것이 후회됐다.

길가에서 긴 나무를 구해 핸들 위에 나란히 올려 넣고 주행했다. 생각해 보니 개가 출몰하는 장소는 대개 비슷했다. 도심지를 지나서 한적한 주택가를 진입했을 때. 다행히 국도변에는 없으니 국도에서 주택가를 진입할 때 항상 조심해서 들어가기로 마음먹었다. 오늘 또 하나 배웠네.

'그나저나 맹견 퇴치용 스프레이 사야 하나?

말아야 하나?'

# 안장鞍裝 위 인생

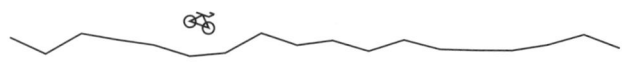

 사실 나는 내리막길이 가장 무섭다. 이유는 내려간 만큼 페달을 밟아서 올라와야 하니까. 항상 평평한 길을 달리면 좋으련만 그것은 희망사항이고 길은 변화무쌍하게 변한다. '우리의 인생도 이와 같이 않을까?' 살면서 평생 내리막길만 있는 것도 아니고 그렇다고 계속 오르막길만 있는 것도 아니니까. 살면서 무탈하게 평평하고 편하게 살면 좋으련만 그런 인생이 내 맘대로 되는 것도 아니고. 자전거 안장에 앉아 달리는 것과 삶이라는 여정을 여행하는 것이 비슷하다고 느껴진다.

 오늘 하루도 나는 포장도로, 비포장도로 그리고 오르막길과 내리막길을 수없이 지나면서 목적지에 도착했다. 인생을 살면서 어떤 사람은 내리막길에서 포기하고 어떤 사람은 비포장도로에서 포기하고 어떤 사람은 팔자 좋은 지도 모르고 아주 좋은 길에서도 포기하고 어떤 사람은 모든 길을 통과해서 목적지에 도착하겠지. 뭐 인생이 꼭 목적지에 도착해야만 성공한 것은 아니지만.

자전거 안장에 앉아 저마다의 이유를 가지고 살아가는 우리네 인생의 모습에 대해 생각한다.

# 바람아 멈추어다오

라이딩에 앞서 아침저녁의 날씨, 즉 일기예보를 제일 중요하게 체크한다. 기상상황에 따라서 오늘의 라이딩이 천국과 지옥을 왔다 갔다 할 수가 있으니까. 미국은 땅도 넓은데 어떻게 이렇게 일기예보가 귀신같이 잘 맞는지. 오늘은 바람이 초속 18m 이상 분다고 나왔는데 아침에 주차장에서 자전거를 끌고 나오니 바람에 자전거가 좌우로 엄청 흔들렸다.

미국에 오기 전 보았던 자전거 횡단을 먼저 한 블로거의 글에서 11, 12월은 바람이 서쪽에서 동쪽으로 분다고 했기 때문에 뉴욕에서 엘에이로 서진西進하는 방향이 아닌 엘에이에서 뉴욕으로 동진東進하는 것으로 계획했다. 그런데 막상 시작해 보니 바람이 부는 방향은 정말 랜덤이었다. 그제는 북풍 어제는 서풍. 이런 식으로 그날 그날에 따라 바람이 부는 방향은 바뀌었다.

오늘 아침부터 힘을 다해서 페달을 밟았건만 속도는 나지 않았고 3시간 정도 지났는데 32Km 밖에 나아가지 못했다. 지도를 확인하고 시간을 계산해 보니 이러다가는 오늘 계획한 거리의 반도 못 갈 것 같았다. 숙소를 예약할 때 특가로 예약해서 오늘 들어가지 못하면 숙박비 전액이 날아간다. 머리를 굴리고 굴려서 고속도로로 들어가기로 마음먹었다. 고속도로를 이용하면 국도를 이용하는 것보다 3시간 이상 단축할 수 있을 것 같았다. 문제는 고속도로에서 자전거 주행은 금지라는 사실. 그런데 이상하게도 텍사스는 도로 입구에 '자전거 출입 금지' 안내문이 없었다.

'그래, 들어가자. 걸리면 입구에 주차 금지 안내문이 없었다고 둘러대지 뭐…'

진입했다. 그리고 10분이 지나지 않아 후회가 파도처럼 밀려왔다. 갓길이 엄청 좁고 바로 옆 도로에서 대형 트럭이 엄청난 속도로 달리고 있었다. 거기다가 덩치가 큰 동물들이 로드킬을 당한 채 널브러져 있기까지. 뒤돌아 나가면 역방향이라 더 위험하다. 맞바람은 더 세차게 불었다. 차라리 누가 신고라도 해서 경찰이 오면 벌금을 내더라도 경찰차를 타고 이곳을 빠져나가고 싶었다. 하지만 신고의식이 높다고 알았던 미국인들 중 아무도 신고를 안 했는지 다음 교차로에 도착하기까지 경찰이 오는 일은 없었다.

고속도로를 빠져나와서 내 새가슴을 만지며 다시는 이런 무모한 짓은 안 하기로 다짐했다. 오늘의 이동거리 96Km 중 20Km 이상을 바람 때문에 안장에서 내려서 끌바로 이동했다. 이제는 주특기가 되어버린 히치하이킹을 하고 싶다는 마음이 수차례 들었지만 자력으로 오늘의 목적지에 도착한 나 자신이 무척이나 대견스럽다.

'내일은 바람이 어느 방향으로 불까나…'
가수 이지연의 『바람아 멈추어다오』라는 노래의 가사가 내 새가슴에 와닿는 하루였다.


'난 몰라 아 아 바람아 아
멈추어다오 바람아 멈추어다오.'

# 라이딩이 맛있고
# 햄버거가 친절해요

나도 몰랐다. 미국에서 이렇게 많은 햄버거를 먹게 될 줄은. 이곳에 오기 전, 자전거로 미국 횡단을 한 영상들을 두루 보았는데 모두가 짜고 치는 각본이라도 쓴 듯이 주유소 편의점에서 햄버와 콜라를 먹고 식빵에 땅콩버터를 듬뿍 발라 먹는 모습을 보며 '왜 먹을 것도 많을 텐데 허구한 날 콜라에 햄버거지…'하면서 의아해했었다. 하지만 횡단 3일차만에 그 이유를 알았다. 내가 너무 무지했다.

'나보다 먼저 횡단하신 선배님들 죄송해요~
제가 몰랐어요.'

자전거 횡단을 하게 되면 국도를 주로 달리는데 국도 주변에는 식당이 거의 없다.

톨게이트 주변에 다다르면 볼 수 있는 ≪맥도날드≫, ≪버거킹≫, ≪KFC≫ 등 패스트푸드 프랜차이즈들과 주유소에 붙어있는 편의점 등에서 음식을 사 먹을 수 있다. 간혹 큰 도시를 거쳐 나올 때 식당을 종종 볼 수가 있는데 우리나라의 휴게소처럼 푸드코드에 갖가지 식당들이 모여 있는 형태가 아니다. 그나마 몇 개 있는 제대로 된 식당에 들어가서 식사를 하면 시간이 많이 소요되고 생각보다 많은 돈을 지출하게 된다. 더불어 도착시간도 많이 지연된다.

지금까지 딱 2번 식당에서 식사를 했고 했고 나머지는 햄버거, 샌드위치, 브리또 등으로 끼니를 때웠다. 패스트푸드 프랜차이즈에서 햄버거와 음료수를 주문하면 콜라, 사이다 등 종류에 관계없이 무제한 마실 수 있다. 그래서 요즘 콜라를 2리터 이상 마시는 것 같다. 이렇게 먹다 보면 분명히 혈당이고 콜레스테롤이고 각종 수치가 엄청 높아질 것 같은데 하루에 8시간 이상 자전거 페달을 밟으니 높은 칼로리는 다 날아갈 것이라고 행복회로를 돌려본다.

우리가 잘 아는 세계 일류 갑부 워런 버핏 할아버지도 평생 햄버거와 콜라로 한 끼 식사를 했다고 하니 조금은 위안이 된다. 앞으로 46일을 더 햄버거를 먹고 콜라를 마시며 연명해야만 하는데 벌써 햄버거가 질려 버렸다. 처음 시작할 때는 무릎이 아프고 손목이 아팠는데 이제는 아픈 것은 둘째치고 먹는 것이 우선시 되어 버렸다.

'내일 아침은 뭘 먹지… 햄버거?'

# 삼위일체

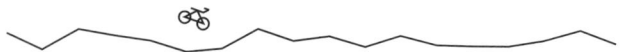

 요 며칠 바람이 많이 불어서 힘들었는데 오늘은 바람도 잠잠하고 자전거 타기 딱 좋은 날씨다. 22일 동안 페달을 밟으면서 겪은 날씨 중에 오늘이 최고로 좋은 것 같다. 확인해 보니 지금까지 온 거리는 2,618Km. 총 6,680Km 중 1/3 정도 오면서 많은 변화가 있었다. 우선은 자전거에 달고 다니던 가방이 다섯 개가 있었는데 세 개로 줄었다. 짐을 줄이지 않고는 도저히 속도가 나지 않을 것 같아 텐트, 여분의 옷, 책과 지금까지 한 번도 쓰지 않은 물건은 미련 없이 버렸다. 버린 물건 중에 필요한 것이 생길 경우 그때 가서 사기로 마음먹었다. 가방 두 개를 버리고 나니 대략 8Kg 정도 감량이 되었는데 페달을 밟기가 엄청 수월했다.

지금도 무엇을 버릴지 고민 중이다. 자전거에 달린 가방의 무게가 내 인생에 무게처럼 느껴졌다. 그래서 힘들었다. 가방의 무게를 덜어내고 나니 내 인생의 무게도 좀 가벼워진 것 같다. 앞으로 살면서 내 인생에 무게도 자전거에 달린 가방처럼 차근차근 정리해 보기로 마음을 먹었다. 배낭의 무게가 줄은 것뿐만 아니라 내 몸무게도 5Kg 정도 감량이 되었다. 라이딩을 하면서 나름대로 잘 먹으려고 노력하는데도 먹는 것보다 칼로리 소비가 많으니 몸무게가 줄어드는 것이 당연한 이치.

아직까지 줄어들지 못하고 늘어나는 게 있다면? 잡념이다. 자동차와 나란히 선 하나를 두고 아슬아슬 나아가면서 집중하지 못하고 왜 그렇게 잡생각을 많이 하는지. 다시 정신을 차리고 페달을 밟고 가다 보면 또다시 쓸데없는 생각들이 떠오른다. 스님들이 문을 걸어 잠그고 속세와의 교류를 차단한 채 묵언수행을 하는 이유를 조금이나마 알 것 같다. 나도 자전거 페달을 밟을 때는 묵언수행을 하는 것과 마찬가지인데 밖에 나와 있어 이런 저런 생각이 많이 나는 것이 아닐까 생각한다.

'무언, 무행, 무상이
삼위일체三位一體가 되어야 하려나…'

자전거 횡단을 무사히 잘 마친다면 산사山寺체험이라도 해봐야겠네.

# 엄마는 누구나

내가 미국 자전거 횡단을 간다고 말했을 때 제주 고산의 이웃 ≪고산 상회≫의 진선 말고 모두가 불가능하다고 말했다. 그리고 단 한 사람. 어머니만큼은 나를 응원해 주셨다. 미국에 오기 일주일 전, 강원도 원주에 계신 어머니에게 가서 "엄마, 나 미국에 가서 자전거 좀 타고 올게"라고 말했을 때 어머니는 "내가 못 가게 한다고 네가 안 갈 것도 아니고 잘 다녀와라." 말씀하셨다. 그리고 하나 조건을 다셨다. "돈 아끼지 말고 잠은 좋은 데서 자라"라고.

"엄마, 걱정하지 마~ 잘 먹고 잠은 좋은 데서 잘게."

그리고 다음날, 집을 나서며 엄마와 작별할 때 "엄마 걱정하지 마! 나 알지? 나는 걱정하지 말고 엄마 몸 잘 챙겨." 하면서 나오는데 엄마는 하염없이 눈물을 흘리셨다. 나는 그게 너무 미안해서 "나 갈게…" 하고 부리나케 대문을 나왔지만 엄마는 밖까지 나와 내가 떠나는 모습을 끝까지 지켜보면서 눈물을 훔치셨다. 나이 50살이 넘어서 90세가 넘으신 노모에게 불효한 것 같아 미안하고 죄송했다.

오늘 멕시코만 해안 길을 70Km 넘게 달렸다. '엄마의 말대로 오늘만큼은 좋은 곳에서 잠을 자자'고 마음먹고 텍사스 갤버스턴Galveston에서 제일 좋은 호텔에 체크인했다. 조금 무리는 했지만 그래도 기분은 좋다.

'엄마~ 고마워요.

그리고 엄마 아들로 태어나서 감사해요.

사랑해요, 엄―마.'

# 텍사스주를 벗어나 루이지애나주로

어제저녁은 텍사스 갤버스턴에서 제일 좋은 호텔에서 지내며 자본주의의 향기를 듬뿍 맡았다. 우리나라로 치면 부산의 해운대나 광안리와 같은 곳에 지어진 호텔로 바다가 보이는 뷰의 방에 묵으며 피로를 풀었다. 여태까지는 도로에서 대부분 차선 하나를 두고 덤프트럭과 나란히 갔었는데 그와 달리 하루 종일 해변을 유유히 달리는 기분도 너무 좋았지. 오늘은 페리를 이용해 갤버스턴 섬을 빠져나간다. 거리는 배로 20분 정도. 그런데 뱃삯이 무료란다. 20달러 정도를 예상했는데 무료라니 기분이 좋았다. 자전거를 배에 싣고 2층 전망대에 올라가니 오늘 라이딩할 코스가 대략 보인다. 오늘은 115Km 정도 이동할 예정인데 멕시코만 해안 길은 화물차와 덤프트럭이 없어서 라이딩 하기에는 최고였다. 내일이면 텍사스주를 벗어나 루이지애

나Louisiana주 넘어간다. 지금까지 네 개 주를 통과했고 앞으로 열 한개 주를 통과해야만 뉴욕에 도착한다. 지금 내가 달리고 있는 텍사스주는 앞으로도 영원히 기억에 남을 것 같다. 가도 가도 끝없는 대평원을 품은 광활한 대지와 휴대전화 카메라로는 다 담을 수 없는 아름다운 풍경은 내게 최고의 선물이었다. 앞으로 만날 미국은 어떤 모습을 보여줄지 기대된다.

자, 다시 시작이다.

# 행복 끝에 고생 온다

드디어 텍사스주를 뒤로하고 루이지애나주에 입성했다. 오늘 지나는 구간 중 앞으로 200Km 구간은 야생동물구역 지역이란다. 어제 오면서 3m 정도로 보이는 악어의 머리가 차에 치어서 날아갔는지 몸통만 갓길에 있어서 놀랐는데 오늘부터 내일까지는 야생동물보호 지역을 통과한다니 겁도 나고 기대도 되었다. 이 구간은 지나가는 차량이 1시간에 10대쯤 될 정도로 적었다. 어제 목이 잘려나간 악어를 보고 나서 혹시나 악어가 갑자기 도로에 튀어나와 내 엉덩이를 물어뜯을까 걱정됐다.

도로를 중앙으로 왼쪽은 습지 그리고 오른쪽은 멕시코만 바다이다 보니 거북이가 도로에 진입해서 길가에 서 있는 모습을 여럿 보았다. 혹시나 차에 치여서 로드킬을 당할까 봐 거북이를 발로 슬슬 밀어서 다시 갓길 밖으로 보내주었다. 길을 가다 보니 새끼로 보이는 악어가 습지에 여러 마리 있는 것을 볼 수 있었는데 한가로이 햇볕을 쬐면서 움직임 없이 고정된 상태로 있다가 갑자기 물속으로 들어갔다. '설마 악어가 도로에 나오는 일은 없겠지'라고 생각하며 계속 전진하는데 '거북이는 또 왜 이렇게 도로에 많이 있는지…' 봤더니 이 도로는 섬처럼 생긴 습지를 반으로 갈라 만든 거였다. 그러니 야생동물들은 도로를 나와서 길 건너편 습지로 이동하려 하고 차량은 지나가다가 모르고 치고 지나가고. 야생동물이 수난을 당할 수밖에 없는 구조.

지금까지는 모텔이나 호텔을 이용했지만 앞으로의 구간은 숙소가 RV\* 캠프뿐이었다. '그래, 오늘은 새로운 숙소에서 하루로 보내보자.' 마음먹고 계속 직진하며 캠프사이트를 찾았는데 눈에 띄는 곳이 여럿 있었지만 운영은 비대면으로 하면서 인터넷으로만 예약을 받는 시스템이라

**\*RV:** Recreational Vehicle. 보통 북미에서는 캠핑카를 뜻하는 용어로 사용한다.

는 것이 문제였다. 그 순간 절망했다. 왜냐하면 영어를 잘 모르니 사이트 가입부터 예약까지 과정을 진행하는데 난관에 봉착했기 때문이다. 번역기를 이용했지만 예약 상태에 날짜와 인원을 입력하고 다음으로 페이지로 넘어가야 되는데 스톱. 또 스톱. 그래서 깨끗하게 온라인 예약은 포기하고 나의 필살기인 들이대기 전법을 구사하기로 마음먹었다. 결국은 카센터에서 근무하시는 정비사의 도움을 받아서 가까운 RV 캠프 숙소를 구할 수 있었다.

—

오늘 아침에 주인 할머니에게 잘 쉬고 간다고 그리고 맛있는 음식과 친절한 환대 에 너무 고마웠다고 말하려고 2층 테라스에 올라갔다. 할머니께서 나한테 한 말은 "Take care safely." 였다. 몇 번이고 반복하면서. 나는 웃으면서 "No worries. I'm strong"이라고 인사한 뒤 내려와서 자전거에 올라타 숙소를 나오다가 뒤돌아 보니 할

머니께서 2층 테라스에서 손을 흔드시며 큰소리로 "Take care!"를 큰소리로 외치시는데 순간 원주에 계신 엄마 생각이 나면서 나도 모르게 눈물이 핑 돌았다. 엄마가 나한테 하신 말씀과 똑같았다. 표정까지. 그래서 나도 모르게 눈물을 흘렸다.

어제 오후, 숙소를 구하지 못했다. 지금은 비성수기라 RV 캠프 오너들이 거의 다 도시로 나가고 비대면으로만 영업을 했으며 당일예약은 받지 않았기 때문. 할 수없이 나의 주특기인 아무나 붙잡고 들이대기를 시도하고 싶었지만 길가에 사람이 없었다. 그러다가 자동차를 고치고 있는 정비사 삼촌에게 사정을 얘기하니 저 멀리 있는 2층 집을 가리키며 그곳으로 가보란다. 결국은 성공!

체크인하고 짐을 푸는데 할머니께서 새우를 가져와서 요리를 해주신단다. 그러면서 새우를 찜기에 넣고 15분 후에 먹으면 된다고 가셨는데 다시 돌아오실 때는 맥주 2

병 음료수 1병 그리고 스낵 1개를 놓고 가셨다. 방값도 엄청 싸게 받으셨는데 음식에 맥주까지. 거기다가 옆 캠프 사이트로부터 스테이크와 감자를 얻어 가져다주시기까지 했다. 3일 전에 갤버스턴에서 먹은 스테이크와는 비교도 안 될 정도로 푸짐했고 고기도 두껍고 맛있었다. 행복했다. 이 순간만큼은. '그리고 뭐 사는 게 별거 있나~ 잠잘 곳 있고 배부르면 그만이지'하며 캠핑카 침대에 몸을 뉘었다. 하지만 나의 행운은 여기까지였다. 요 며칠은 모든 게 다 완벽할 정도로 좋았다. 하지만 우리 인생이 그렇듯이 마냥 좋을 수는 없는 법.

아침에 주인 할머니와 작별하고 길을 떠났다. 근데 요 며칠을 너무 편하고 행복하게 지내서 긴장감이 떨어졌는지 다음날 코스를 지도로 정확히 검색하고 또 현지인에게 물어보고 확인도 했어야 했는데 이 과정을 생략한 것이 화근이 되었다. 아침에 2시간을 가다 보니 길이 없어지고 바다가 나왔다. 자세히 보니 페리를 이용해 건너야 되는데

이 지역은 자연보호구역이라 페리는 비정기적으로 그리고 성수기 시즌에만 운행된다는 사실을 알게 되었다. 문제는 다시 되돌아간다고 가정했을 때 180Km 이상을 가야만 했다. 그 순간 '아, 너무 방심했구나'하며 한탄하고 있는데 이곳에 낚시를 하러 온 미국인 친구 3명이 나의 사정을 듣고 오늘 출발 지점까지 데려다준단다.

원점으로 돌아와 미국 친구들과 헤어지고 다시 출발을 했다. 그리고 2시간 가다가 자전거 뒷바퀴가 펑크 났다. 사실 펑크가 나도 진작에 났어야 되는데 일주일 동안 잠잠해서 오히려 불안했었지.

결국, 미국 횡단 일정이 이틀 더 늘어난 셈. 앞으로 더 가도 모자랄 판에 후진하는 하루가 된 것이다. 앞으로 후진은 없다. 기쁘나 좋으나 나쁘나 긴장감을 놓지 말아야겠다고 생각했다.

# 추수감사절 Thanksgiving Day

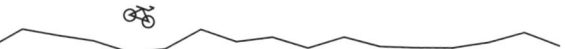

　오늘은 미국 최대 명절인 추수감사절Thanksgiving Day. 그러니까 우리나라로 치면 추석, 설날과 같은 최대 명절. 어제 90번 도로를 타고 오면서 '이 시골길에 왜 이렇게 차량이 많지…'하고 투덜대면서 라이딩을 했었는데 알고 보니 추수감사절은 우리나라처럼 멀리 떨어져 있던 가족이 한 곳에 모이는 미국 최대 명절. 나는 그것도 모르고 어제 좁은 국도 길을 달리면서 '대체 어떤 놈이 도로를 설계를 한 거야.' '내가 건설교통부 장관이면 너는 바로 아웃이야'하며 씩씩거리면서 페달질을 했다. 어젯밤, 목적지에 도착한 뒤 숙소에 체크인하면서 '그럼 내일 조식은 미국인들이 추수감사절에 먹는다는 그 유명한 칠면조 요리가 나오지 않을까?' 생각하며 은근 기대했다. 칠면조 요리를 한 번도 먹어본 적이 없던지라 기대하며 조식을 먹으러 호텔 레스

토랑으로 들어갔는데 칠면조 아니 칠면조 깃털도 없었다.

대충 아침 식사를 하고 방으로 돌아와 짐을 챙기고 카드 키를 반납하러 갔는데 직원이 오늘은 휴일이라 네가 가는 길에 식당이나 상점이 문을 다 닫았을 거라고 얘기하며 조식을 먹은 식당에 가서 점심거리를 포장해서 가라고 일러주었다. 가슴이 뭉클해졌다. 그냥 보내도 되는데 이런 팁까지 주다니. '그래, 오늘 밤에 후기를 쓰면서 별 5개를 찍어주고 기대 이상이라 올려주마. 그리고 서비스로 구글 지도에도 별 5개를 찍어주고 직원이 친절했다고 올려주마. 사진과 함께'라고 마음을 먹었다.

길을 나서는데 입구에서 1970년대, 우리나라 판문점에서 근무하셨다는 미국인 할아버지를 다시 만났다. 어제 오후에 체크인할 때 자전거에 태극기를 단것을 보고 할아버지께서 나에게 다가와 문산, 파주 임진각을 언급하며 장황하게 이야기를 늘어놓으셨을 때는 너무도 피곤해서 대

충 고개만 끄덕이다 방으로 왔는데 그것이 조금 미안했던 차라 아침에 만났을 때는 이야기를 집중해서 듣고 같이 사진도 찍으려고 마음을 먹었는데 이번에는 할아버지가 "굿모닝~"하고 먼저 지나쳐 가신다. '죄송합니다, 할아버지. 어제는 제가 많이 피곤했어요~'

호텔에서 나와 자전거 안장에 올라 힘차게 페달을 밟으며 전진. 오늘은 연휴 당일이라 그런지 차량은 어제보다 현저히 줄어들었지만 맞바람은 어제만큼 강했다. 드문드문 주택가 골목길을 지날 때는 '오늘, 저 집은 온 가족이 모여서 예배를 드리고 내가 먹지 못한 맛있는 칠면조 요리를 먹으며 와인을 마시겠지'라는 상상을 했다. 생각을 하다가 하다가 비포장도로와 1차선 도로 그리고 갓길 없는 2차선 도로를 지나 오늘의 숙소에 도착했다. 오늘 하루도 무탈하게 그리고 안전하게 나를 도와주신 모든 신들에게 추수감사절을 맞이하여 특별히 감사드린다.

# 블랙 프라이데이

 그 많은 미국인들이 손꼽아 기다리는 날. 팔아도 남는 게 없어서 망한다는 블랙 프라이데이가 바로 오늘.

'그래. 나도 블랙 프라이데이에 동참해서
자본주의에 꽃이라 할 수 있는 쇼핑을 즐겨보자.'

'내가 언제 또 블랙 프라이데이에 맞춰서
미국에 오겠어?
앞으로 가야 할 다른 나라들이 얼마나 많은데~'

 미국인이 많이 간다는 월마트를 검색해 보니 오늘 가는 방향의 8Km 정도지점에 위치해 있었다. 더군다나 역방향도 아니고 내가 가는 길목에. 이것은 필시 하늘에 뜻

이라 생각했다. 그래서 평소보다 1시간 일찍 나와서 월마트로 향했다. 월마트에 들어오니 이른 아침에도 불구하고 많은 사람들로 붐비고 있었다. 역시 블랙 프라이데이. 완구, 장난감 코너에 특히 많은 사람이 있었는데 사람보다 쇼핑카트가 크다 보니 병목 현상이 나타나 오도 가도 못하는 진풍경을 보았다.

나는 아웃도어 매장으로 직행해 바람막이, 25리터 배낭, 그리고 라이딩 전용 선글라스를 골랐다. 사실 세 가지 모두 지금 가지고 있지만 사야 할 핑계가 있었다. 우선 지금 사용하는 배낭은 프레임이 없어서 등 쪽이 불편했고 고글은 등산용으로 나온 것이기 때문에 라이딩에는 부족한 면이 있었다. 그리고 바람막이는 사지 않으려고 했는데 가격이 너무 착해서.

바람막이를 보면서 요즘 젊은 친구들이 선호하는 공룡 뼈다귀 브랜드가 생각났다. 한국에서는 공룡 뼈다귀 바람막이 한 벌에 몇 십만 원에서 백만 원대까지 가는데 내가 산 옷은 디자인이나 모든 면에서 그것을 능가하지는 못하겠지만 단돈 20달러 한화 약 3만 원에 판매하고 있었기 때문에 지나칠 수 없었다. 생각 같아서는 한 10벌 정도 사서 지인들한테 선물하고 싶을 정도로 마음에 들었지만 라이딩용 고글이 생각보다 비쌌기 때문에 자제했다. 월마트를 나오면서 '그래. 앞으로 3일간, 식빵에 진한 땅콩버터를 발라 먹고 콜라로 목 넘김을 해보자. 그렇게 지출된 경비를 세이브 해보자.' 마음먹었다.

새로 산 배낭과 고글, 그리고 바람막이로 무장하고 자전거 안장에 올랐는데 왜 이렇게 기분이 좋은지. 내일은 또 어떻게 흘러갈지 모르지만 이 순간만큼은 행복했다. 힘든 오늘의 라이딩을 마치고 숙소에 도착해서 배낭은 침대 왼쪽에 고글은 머리 위에 그리고 바람막이는 입고 잘란다. 꿈에서 산신령이 나타나 "공룡 뼈다귀 바람막이가 네 것이냐?" 물으면 나는 "아닙니다. 제 바람막이는 블랙 프라이데이 때 산 월마트 바람막이입니다"라고 말해야지. 그러면 산신령님께서 "아따~ 그러면 공룡 뼈다귀, 월마트 바람막이, 네가 다 가져가라~!"라고 말씀하셨으면 좋겠다. 꿈속에서라도.

# 너와 함께 한 오늘을
# 꼭 기억할게

욕심을 냈다.

뉴올리언스New Orleans까지 175Km 거리가 나오는데 하루에 가기는 멀고 이틀에 걸쳐서 가기에는 시간이 많이 남을 것 같아 하루에 가기로 마음을 먹고 출발했다. 근데 그것이 문제가 되고 말았다. 이틀에 걸쳐서 갔으면 중간에 많은 숙소들이 있어 선택의 폭이 넓고 좋았을 텐데…. 110Km 정도 지날 때쯤 무릎 통증을 느꼈다. 아무리 생각해 봐도 60Km 이상은 갈 수 없을 것 같았다. 그래서 여러 사이트를 이용해 숙소를 찾아보았지만 찾을 수가 없었다.

날은 저물어 가는데 바람은 세지고, 날씨는 추워지고. 한숨만 쉬다가 문득 발견한 선착장에서 우연히 낚시도구를 만지고 있는 '룩'이라는 친구를 만났다. "선착장에 많은 캠핑카가 있는데 여기서 하루 잘 수 없을까?" 물어보았다. 룩은 이곳의 캠핑카는 다 주인이 있어서 불가능하다고 대답했고 자신이 숙소를 알아봐 준다며 지도를 검색한 뒤 다행히도 여기서 10Km 정도 떨어져 있는 곳의 숙소를 찾아주었다. 룩에게 제주 고산의 이웃 ≪고산 상회≫에서 만들어준 장구, 복조리 등으로 구성된 K-굿즈를 선물로 주니 룩도 루이지애나주 배지Badge를 선물로 주었다. 우리는 그렇게 헤어졌다.

전력 질주하여 숙소에 도착해 짐을 풀고 있는데 누군가가 문을 두드린다. 문을 열어보니 다름 아닌 룩이 아닌가!

"Happy Thanksgiving day!"

그는 내게 추수감사절 인사를 하며 저녁식사를 건넸

다. 전혀 예상하지 못했는데 이렇게 감동을 주다니. 눈물이 날 정도로 고마웠다. 나는 살면서 처음 만난 사람에게 한 번이라도 이렇게 친절을 베풀었었나 생각해 보았다. 없었다. 그리고 '나도 앞으로 기회가 된다면 오늘의 룩과 같이 아름다운 선행을 꼭 베풀어야겠다'라고 다짐했다.

      '룩, 잘 먹을게. 그리고 꼭 기억할게!
      너와 함께 한 오늘을.'

# 미시시피강변을 달려서

재즈로 유명한 도시인 뉴올리언스에 들어왔다. 오늘 하루는 미시시피강Mississippi River변을 쭉 달리는, 그러니까 자동차도로가 아닌 자전거전용도로를 달리는 행운을 얻었다. 도시지역인데도 곳곳에 '악어가 살고 있어요'라는 표지판을 보니 며칠 전에 지난 온 길이 생각났다. 악어가 로드킬 당해 몸통만 갓길에 있어서 엄청 놀랐는데 이젠 뭐 악어가 나타나도 하나도 겁나지 않을 것 같네. 다만 맹견은 아직도 무섭다. 나는 개가 무섭다.

강변을 달리다 반대 방향에서 오는 미국 삼촌들을 만났다. 짧은 만남이었지만 내가 뉴욕으로 간다 하니 애틀랜타를 가면 눈이 많아 빙판길이 시작될 것이고 앞으로 여러 산맥을 마주하게 될 것이라고 말씀하시며 '행운을 빈다'라는 말과 함께 응원과 지지를 해주셨다. 헤어짐 뒤에 조금 따분할 정도로 고요한 강변을 달렸다.

숙소를 다운타운에 예약해 놓은 상태라 아주 큰 다리를 건너야 되는데 '자전거 출입 금지' 표지판이 있었다. 할 수 없이 페리를 이용해 미시시피강을 건넜는데 운치 있고 유람선을 타는 기분이라 좋았다. 가격도 엄청 착했다. 단돈 2달러 한화 약 3천 원.

내일은 31일 만에 처음으로 휴식을 가질 예정이다. 늦잠도 푹 자고 유명한 식당에 찾아가 맛있는 음식도 먹어보고 루이 암스트롱 Louis Armstrong의 후예後裔가 있는 재즈 바에 가서 칵테일도 한잔 마셔볼 참이다.

3부

# 인생은 'B'irth와 'D'eath 사이의 'C'urve

# 재즈의 도시

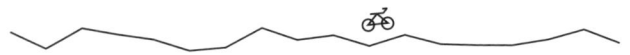

≪제주돔베막국수≫ 매장에서 라디오 방송을 듣고 있었다. 진행자가 "이 음악은 뉴올리언스의 전설로 불리는 루이 암스트롱의 트럼펫 연주입니다"라고 말했다. 이어 몇몇 뮤지션들의 이름을 말했는데 기억은 나지 않는다. 나는 우리나라에서 한 번도 재즈 바를 가본 적이 없는 재알못(재즈를 알지 못하는 사람)이었기 때문에. 뭐, 거기까지였다. 그런데 나는 지금 그 전설, 루이 암스트롱의 고향에 와 있는 것이다.

이곳에 오니 도착한 날부터 재즈의 도시가 확실하다는 것을 피부로 느꼈다. 어제저녁, 자전거를 타고 다운타운에 도착해 호스텔 입구로 들어서는데 나를 환영해 준다고 생각하고 싶은 버스킹 연주를 마주할 수 있었다. 짐을 풀고 다운타운을 거닐었다. 여기저기서 재즈가 흘러나와 다소 정신은 없었지만 기분이 좋았다. '여기서는 악기 하나만 잘 다루어도 먹고사는 걱정은 안 해도 되겠다….'

밤늦게까지 이 재즈 바, 저 재즈 바를 기웃거리다 숙소로 돌아오면서 길가에 홈리스가 술에 취해서 누워있는 모습을 보았다. 한쪽 손에는 술병을 그리고 다른 손에는 드럼 스틱을 쥐고 자고 있었다. 비록 사연이 있어 홈리스로 살지만 드럼 스틱을 쥐고 있는 그의 모습이 나름 멋있어 보였다.

오늘 아침, 늦잠을 자고 난 뒤 어슬렁 어슬렁 다운타운을 배회하러 나왔는데 커피숍, 레스토랑, 공원 등에서 재즈가 흘러나온다. 지금까지 살면서 이런 경험은 처음이라 신선하고 좋았다.

'그래서 하루 더 있고 싶은데 어떡하지?'

# 2024년 12월 3일

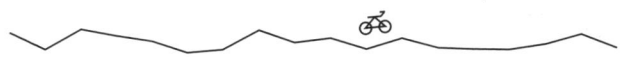

    미국 자전거 횡단 33일 차. 우리나라가 어수선하다. 편하게 재즈를 들으면서 유유자적하며 보내기에 미안한 마음이 들었다. 그래서 하루 더 있으려는 생각을 접고 출발을 하려고 짐을 챙기는데 배낭에 달고 다니는 태극기가 오늘따라 눈에 들어온다. 바람에 휘날려 너덜너덜 해지고 망가진 태극기의 위태로운 모습이 꼭 지금의 상황을 표현하는 것처럼 느껴졌다. 2024년 12월 3일, 오늘을 잊지 않을 것이다. 잃지 않을 것이다.

# 가장 많은 기록을 세운 날

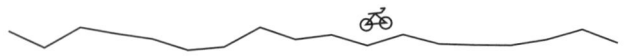

오늘은 자전거 횡단 중 가장 많은 기록을 세웠다.

첫 번째. 최장거리 이동. 164Km.
두 번째. 가장 많은 비를 만난 날.
세 번째. 맹견은 아니지만 엄청 큰 개가 2Km 이상 쫓아 와서 우주의 기운을 모은 속도로 도망.

드디어 루이지애나주를 뒤로하고 미시시피주에 들어왔다. 미시시피주의 첫인상을 얘기한다면 가수 김수희 님 노래의 제목을 빌려 '너무합니다.' 미시시피주를 넘어오는 순간, 주 경계선에서 이러한 내용의 큰 안내문을 마주했다.

'히치하이킹 금지. 픽업 금지. 위반 시 벌금 250달러.'

미국은 각 주마다 법이 다르다고 들었는데 이런 문구는 처음 봐서 조금 야속하다는 생각이 들었다. 그리고 주 경계선을 넘고 나서 조금 지나니 비가 엄청 내리기 시작했다. 우비를 배낭 맨 밑에다가 두어서 배낭을 열고 우비를 입는 사이에 어차피 비에 흠뻑 젖을 것 같아 그냥 달렸다. 지금 생각해 보면 라이딩 초짜로서 경험이 없던지라 매우 위험한 선택을 한 것이었다. 비가 계속 내리니 나도 모르게 속도를 높이게 되고 땀이 나서 옷이 다 젖으니 조금만 속도를 줄여도 추위가 밀려왔다. 나도 모르게 또 쌍이 저절로 나왔다.

비가 그쳐서 다행이다 했는데 이번에는 도로에서 멀리 떨어져 있는 집인데도 엄청 빠른 속도로 큰 개가 짖으며 나에게 달려왔다. 보통은 멀리까지 오지 않는데 이놈은 끈질기게 쫓아왔다. 도망가는 내가 '어떻게 집을 찾아가려고 여기까지 오는 거지…?' 생각할 정도로. 있는 힘을 다해서 페달을 밟으니 개 짖는 소리가 점점 멀어졌다.

# WELCOME TO MISSISSIPPI

*Birthplace of America's Music*

얼마 가지 않아서 또 비가 사정없이 내리기 시작했다. 그때 갑자기 머리를 스치는 단어, 히치하이킹.

'그래… 이렇게 비가 많이 오는데 모른 척 지나가겠어? 태워주겠지~'

하지만 이건 내 희망 사항이었다. 30분간 히치하이킹을 시도했지만 자동차가 서는 일은 없었다. 미시시피주, 너무합니다. 할 수 없이 다시 페달을 밟아서 오늘의 목적지에 예상 시간보다 2시간 정도 늦게 도착했다.

호텔 입구에서 담배를 피우던 할머니께서 자전거를 가리키며 구석진 곳으로 주차하라며 말한 뒤 쌩하고 호텔로 들어가서 기분이 별로였는데 알고 보니 호텔의 직원이었다. 이곳은 그야말로 유일무이한 숙소. 인터넷의 여러 사이트에 올려져 있지 않은 이 동네에 딱 하나만 있는 호텔이다. 이럴 때는 저자세 모드 가동. 방이 없다고 방을 안

주면 나만 손해 보니까. 체크인하고 방에 들어서니 지금까지 미국에서 숙박한 숙소 중에 제일 마음에 든다. 깨끗하고 시설 좋고.

'그나저나… 내일 조식은 잘 나오겠지?'

# 조건 없는 응원과 지지

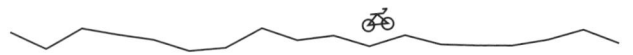

'59만 원짜리 자전거, 넌 나의 다크호스야.'

오늘 아침, 다크호스가 아프다고 표현을 했는데 대수롭게 생각하지 않았다. 결국, 2시간 뒤에 그 대가를 톡톡히 치렀다.

미국에 오기 일주일 전에 신창윤 형님에게 자전거 정비를 배우러 갔었다. 형님이 알려주신 체크 포인트 3가지.

첫째. 라이딩이 끝나면 숙소에 도착해 체인에 기름칠을 할 것.
둘째. 타이어의 공기압을 확인할 것.
셋째. 브레이크에 이상이 없나 확인할 것.

"이 세 가지만 잘 챙기면 문제없다"라고 말씀하셨다. 지금까지 잘해오다가 어제 위스키를 많이 마신 탓에 다크호스를 돌보지 않고 잠자리에 든 것이 문제가 되었다. 아침에 호텔에서 조식을 먹고 짐을 싸서 출발을 하려는데 호텔 직원이 뒷바퀴를 가리키며 "바람이 빠진 것 같아요"라고 이야기했다. 호텔 직원이 볼 정도면 나의 다크호스에게 분명히 문제가 있었다. 그런데 나는 그걸 큰 문제라고 생각하지 않고 호텔 직원의 도움을 받아서 전기로 충전하는 에어펌프로 바람을 넣고 출발했다.

비가 많이 와서 빠른 이동이 필요했기에 앞뒤 볼 것 없이 달렸다. 그리고 펑크. 그런데 이번 펑크는 다르다. 타이어가 1Cm 정도 찢어져서 교체만으로 안 되는 상황을 맞았다. 예비 타이어가 없는 상황. 오도 가도 못하는 상황. 결국, 히치하이킹밖에 방법이 없었다.

도로의 갓길이 워낙 협소하고 차가 빠른 속도로 달려

서 히치하이킹이 어려웠다. 비는 그쳤지만 바람이 많이 불어 그 자리에서 가만히 서 있으니 추위가 몰려왔다. 1시간 정도 히치하이킹을 시도한 끝에 성공. 할아버지, 할머니께서 처음엔 그냥 지나치셨는데 다시 유턴을 해서 돌아와 태워 주웠다. 너무나도 감사하고 고마웠다. 그리고 정비소에 내려주시면서 나를 꼭 안아주고 가셨다.

"Take care~"

나도 모르게 눈물이 흘렀다.

정비사는 "2주 전에 자전거 횡단을 하러 스위스에서 온 친구들이 너와 똑같은 케이스로 왔다"라고 말하면서 타이어뿐 만 아니라 이곳 저곳 다른 곳은 이상이 없는지 체크해 주었다. 고마웠다. 예상치 못한 문제들로 인해 오늘은 얼마 나아가지 못하고 숙소로 들어왔다.

'오늘의 조건 없는 응원과 지지가 없었다면

나는 주저 앉았을 거야.'

그리고 생각했다. 앞으로 어려움에 처한 사람을 만난다면 나 또한 조건 없이 응원과 지지를 보내며 도와주겠다고.

# 환영 퍼레이드

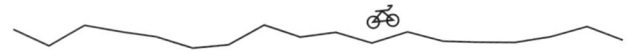

오늘 아침에 앨라배마Alabama 주지사로부터 연락이 왔다. '우리 앨리배마주를 찾아주셔서 감사하다'라고. 그리고 '킴KIM, 너를 위해서 환영 퍼레이드를 준비했다'고. 나는 '괜찮아~ 그런 거 하지 마세요'라고 이야기했는데 내가 앨라배마주에 진입하자마자 환영 퍼레이드가 시작됐다. 지금까지는 나의 희망 사항이었습니다.

미시시피주를 뒤로하고 앨라배마주로 들어왔다. 주 경계선을 20Km 정도 지나니 교차로에서 경찰이 차량을 통제하고 있었다. 나를 환영하는 퍼레이드는 아니지만 퍼레이드가 시작됐는데 귀여운 아이들이 산타 복장을 하고 행진을 하고 있었다.

나를 환영하는 퍼레이드가 아니었기에 그보다 길 옆 노점에서 바비큐를 굽고 있는 스낵카에 눈이 돌아갔다. 패스트푸드점에서 먹는 것보다 가격은 조금 비싸지만 제대로 된 식사를 하며 스낵카의 주인들과 이야기를 나눌 수 있어 좋았다. 패스트푸드점에서는 느낄 수 없었던 다정함을 느낄 수 있었다. 처음에는 립 샌드위치를 주문해서 먹고 있는데 주인장 친구가 우리 동네는 돼지꼬리 바비큐가 시그니처라며 포일에다가 15Cm 정도 되는 돼지꼬리를 구워 서비스로 가져다주었다. 모양이 좀 거시기해서 거부감이 조금 있었지만 지방을 숯불에 태운 맛이라고 해야 할까. 돼지 냄새가 조금 났지만 우리나라의 소 곱창 맛과 비슷했다.

맛있게 점심을 먹고 퍼레이드를 구경한 뒤 다시 페달을 밟아 수많은 오르막과 내리막길을 지나고 대평원도 만나고 나를 물어버릴 것만 같은 멍멍이도 패스하고 오다가 고글을 떨어뜨려서 다시 한참을 돌아가 찾고 그렇게 해서 예상시간 보다 2시간 늦게 숙소에 골인했다. 오늘도 감사

하고 고마운 하루였다. 오늘도 나의 여정에 많은 도움을 미국인들에게 감사에 마음을 전한다. 특히 돼지꼬리 바비큐를 맛보게 해 준 스낵카 주인에게.

# 동방 예의지국에서 왔으니까

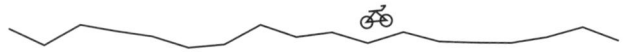

　미국에 오기 전에 읽었던『아메리카 자전거 여행』이라는 책에서 저자인 홍은택 작가가 횡단 도중에 미국인 친구와 숙소에서 우연히 만나서 함께 라이딩을 하는 내용이 나온다. 책 속에서 짐이 많던 미국인 친구는 라이딩을 하면서 옆으로 지나가는 차가 빵빵대면서 응원을 하면 일일이 손을 흔들어 인사를 해주어 체력을 낭비했다는 내용이 나온다. 나는 그 내용을 까맣게 잊고 있다가 앨라배마주를 넘어오면서 내가 책 속의 그 미국인 친구와 똑같은 행동을 하고 있음을 알게 되었다.

　미국 자전거 횡단 3일 차. 엘에이로부터 출발한 지 3일째 되던 날 생각했다.

'왜 반대 방향에서 오는 차들은 내가 잘못도
안 했는데 계속 빵빵대고 지나가지?'

    속으로 욕도 많이 했다. 하지만 시간이 흘러 살짝 여유가 생기고 긴장감이 다소 떨어지고 나니 그제야 내 시야에 반대 방향에서 오는 차량들의 행동이 눈에 들어오기 시작했다. 반대편에서 빵빵대며 지나가는 차들의 운전자들은 거의 대부분 손을 흔들어 주며 지나가고 있었던 것이다. 너무 빠르게 지나가서 처음에 내가 못 본 것뿐이었다. 그리고 많이 미안했다. 저 사람들은 나를 응원해 주느라 빵빵대면서 지나갔는데 나는 그것도 모르고 속으로 그들을 욕하고 있었으니. 그리고 깨달은 날로부터 지금까지 아무리 힘들어도 반대 방향에서 오는 차량 안의 운전자가 빵빵대면서 손을 흔들어 주면 나도 핸들에서 뗀 왼손을 높이 흔들어 주었다. 지금 와서 생각해 보면 어리석고 위험한 행동이었다.

내가 손을 들어서 화답을 해도 차량이 빨리 지나가서 손을 흔드는 것을 보기 어렵고 두 번째는 뒷바퀴에 짐이 많은 상태에서 한 손으로 운전한다는 것은 안전상의 문제가 있었다. 그리고 책 속 그 미국인과 같이 체력 소모를 많이 하게 됐다. 수많은 덤프트럭과 트레일러 차량의 운전자들이 거의 모두 손을 흔들며 지나가는데 그 많은 차량에 일일이 화답을 한다는 것이 쉬운 일이 아니다. 그래서 앨라배마주로 넘어오면서부터는 고개만 살짝 숙여서 목례 인사를 했다. 확실히 안전했고 체력 소모도 줄어들었다. 하지만 이렇게 글을 쓰고는 내일 라이딩을 하다가 반대 방향에서 손을 흔들면 반가운 나머지 나도 모르게 왼손이 번쩍 올라갈 것 같다.

'나는 동방 예의지국에서 왔으니까~'

지금까지 내게 손을 흔들어 주시고 응원해 주신 모든 운전자에게 다시 한번 감사의 마음을 전하고 싶다.

# 인생은 'B'irth와
# 'D'eath 사이의 'C'urve

어제부터 오늘까지 계속 비가 내렸다. 엘에이에서 루이지애나주까지는 바람이 많이 불어서 힘들었다면 미시시피주부터는 동북진 방향이라 바람은 잠잠한 대신에 긴 오르막길과 이어지는 내리막길 그리고 굴곡 심한 곡선Curve길을 나아가야 해서 힘들었다. 특히 곡선 길을 라이딩 할 때는 뒤에서 오는 차량이 나를 못 볼까 봐 신경이 많이 쓰였다. 더군다나 오늘처럼 비가 하루 종일 내리면 행여나 차가 미끄러지면서 내 쪽으로 넘어오지 않을까 조마조마했다.

'어차피 내 목숨은 뒤에서 오는 운전자에게 달렸다'

'그래. 어차피 한 번 사는 인생인데
뭐, 내가 좋아서 하는 거 하다가 길에서 가는 것도

나쁘지 않지.'


'남들은 자기가 하고 싶은 일을 못하고
이승을 등지는데
그에 비하면 나는 얼마나 행복한가~'

이런 생각을 하면서 페달을 밟았다. 페달을 밟으면서 죽음에 대해서 생각해 보았고 앞으로 어떻게 사는 게 잘 사는 것인지도 생각해 보았다.

'그래. 지금 이대로만 살자.'
'어차피 죽고 사는 것은 하늘에 뜻이라 생각하자.'

마음이 편해졌다. 그렇게 생각하고 나니 차가 바짝 붙어서 지나가도 무덤덤해졌다.

땀과 비에 흠뻑 젖어 호텔에 들어왔다. 직원은 비를

맞은 내 모습과 자전거를 보더니 예정에 없었던 것 같은 보증금을 요구했다. 50달러 한화 약 7만 3천 원인데 현금은 받지 않고 신용카드를 요구했다. 보통 보증금을 요구할 때는 미리 사이트에 공지하는데 이 호텔은 그런 것 없이 보증금을 요구했다. 지난번 호텔에서 100달러의 보증금을 신용카드로 지불했는데 10일이 지나 환불받은 경험이 있어서 기분이 안 좋았다.

저녁은 굶게 생겼다. 호텔 주위에 아무것도 없었다. 식당이나 마트를 가려면 자전거를 이용해야 되는데 오늘 하루 종일 비를 맞고 라이딩을 했더니 자전거로 나가기가 싫었다. 오늘 지불한 50달러의 보증금도 10일이 지나 환불받을 수도 있으니까 돈을 아끼자. 굶주린 배를 움켜쥐고 잠을 자자.

# 집에 가고 싶다

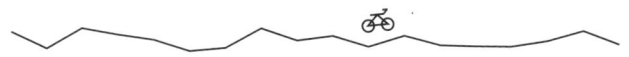

'그래, 점프다.'

3일 연속 비가 내렸다. 특히 오늘은 지금까지 라이딩을 하면서 만난 비 중에 가장 많은 비가 내린다. 거기다가 서비스로 번개와 천둥을 동반한 폭우가 사정 없이 내렸다. 오늘 하루 버밍햄Birmingham에서 더 있을까 하다가 급작스럽게 마음이 변했다. '그래, 가자.' 호텔을 나오자마자 10Km 정도 이동하고 나서 청기, 백기, 만세기를 들었다. 비도 많이 오지만 갓길이 물에 잠긴 데다가 길도 움푹 파여 있어서 위험천만해 더 이상 가기가 싫었다. '미련 없이 점프다.' 지도로 버스터미널을 급 검색했다. 하필이면 내가 온 방향과 정반대 방향.

빗방울 때문에 휴대 전화의 지도는 잘 보이지도 않고 젖은 손으로 터치하니 계속 오작동이 나오고 할 수없이 인도로 올라가서 지도를 확인한 다음에 인도로 주행하는데 이번에는 차가 지나가면서 물세례를 사정없이 퍼붓고 간다. 내가 사서 한 고생이지만 이 순간만큼은 후회했다. 미국 자전거 횡단 여행을 하면서 처음으로 집에 돌아가고 싶다고 생각했다. '우선 버스터미널까지만 가자.'

터미널에 도착하니 집에 가고 싶은 생각은 온데간데없이 사라지고 어떻게 버스 직원을 설득해서 자전거를 실을 수 있을 지부터 생각했다. 그랜드 캐니언을 향해 떠날 때 자전거를 버스에 안 실어 준다고 해서 버스 기사에게 비굴할 정도로 사정을 했는데 이번에도 안 된다고 하면 어쩌나 걱정이 앞섰다. 운명의 장난같이 이 버스회사가 그때와 같았다. 샤워를 한 뒤 수건으로 몸을 닦지 않은 것처럼 물이 뚝뚝 떨어지는 꼴로 헬멧도 벗지 않고 매표소로 가서 "티켓 플리즈, 애틀랜타…" 그리고 자전거를 가리키며 "저

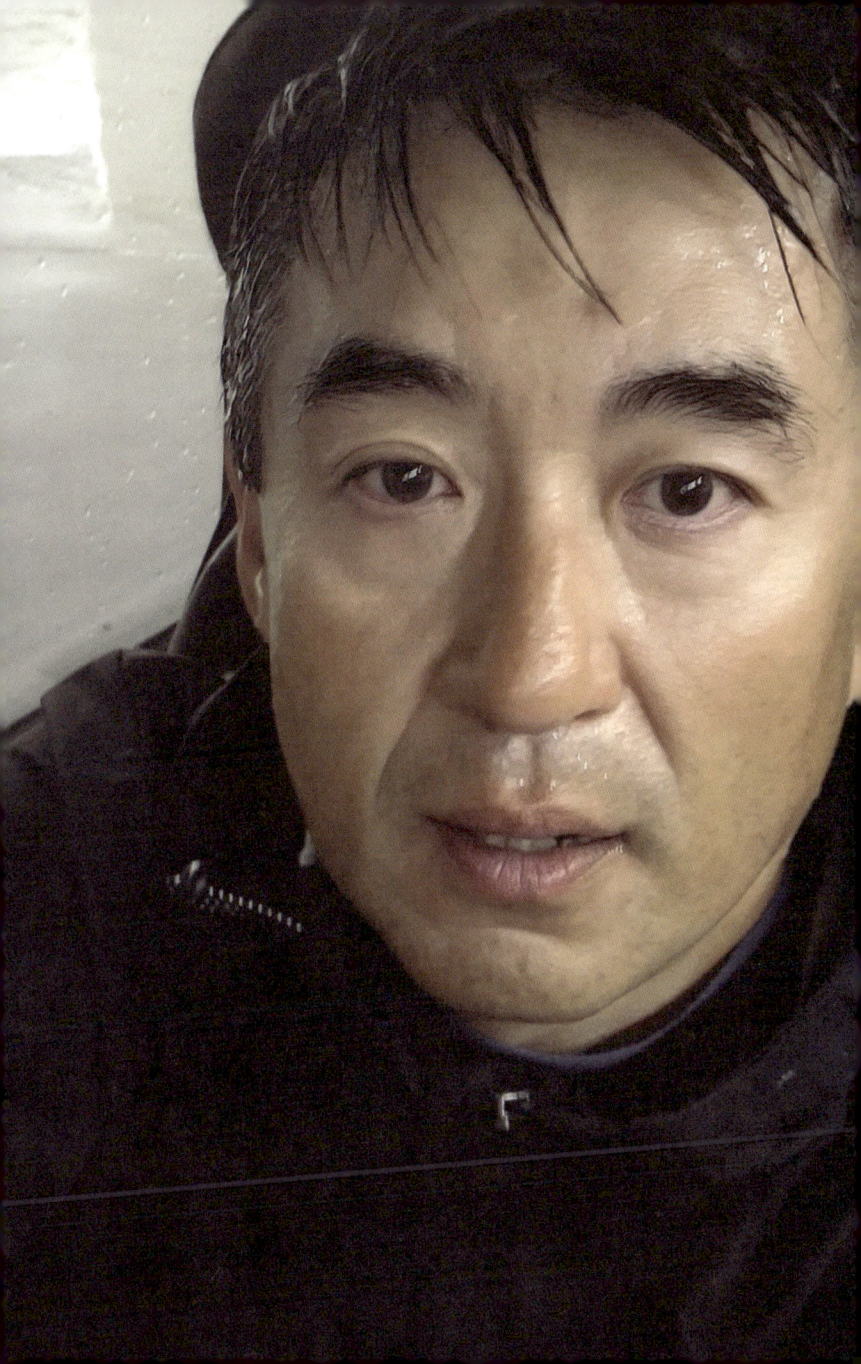

것도 같이"라고 아주 공손하게, 예의 바르게 읊조렸다. 직원은 규정상 어쩌고저쩌고하면서 하지만 '오늘은 신의 은총을 내리리라'하는 표정과 함께 서류를 내밀면서 사인을 하란다. 보아하니 '자전거가 파손돼도 책임은 지지 않는다'는 내용 같았다.

버스에 자전거 실을 때 직원이 따라와서 동영상을 촬영하고 사진을 찍고 갔다. 버스에 올라탔는데 몸은 다 젖어서 추웠지만 기분은 좋았다. 다만 내 땀 냄새 때문에 옆좌석 그리고 앞뒤 좌석 모두에게 미안했다. 그리고 비 오는 도로를 자전거가 아닌 버스로 달리고 달려서 애틀랜타에 들어왔다.

오늘의 숙소는 버스 안에서 검색해 찾은 한인 민박. 대한민국의 집으로 돌아가는 대신에 한인 민박을 선택했다. 그리고 40일 만에 흰쌀밥에 쇠고기 국, 김치, 진미채볶음을 먹는 영광을 누렸다. 원래는 아침만 주는데 사장님께서 비 맞은 생쥐 꼴인 내가 불쌍해 보였는지 맛있는 저녁을 차려 주셨다. 결정했다. '오늘과 내일은 여기서 2박이다.' 애틀랜타 다운타운의 맛집도 가보고 푹 쉬고 가기로 마음먹었다. 급하게 바꾼 마음으로 오늘 얼마나 고생을 했던가. 제발 내일 아침에 오늘과 같이 마음이 몇 번이나 바뀌지 않기를.

# 창살 없는 자전거

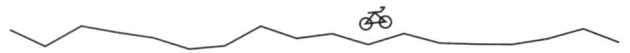

어제 애틀랜타 한인 미용실 사장님이 도와주지 않았다면 다음 주 월요일까지 발이 묶일 뻔했다. 한인 민박에서 아침 식사를 하고 이발하러 한인타운으로 나왔는데 자전거에서 달그락달그락 소리가 났다. 안장에서 내려 확인해 보니 자전거 바퀴의 창살인 스포크spoke가 부서져 있었다. 아마도 엊그제 비가 많이 내려서 버스로 이동할 때 짐칸의 다른 짐들이랑 부딪혀서 부서진 것 같았다. 지도로 정비소를 검색해 보니 아무리 찾아도 찾을 수가 없었다. 우선은 미용실에 가서 이발을 하면서 사장님께 말씀을 드리니 정비소는 여기서 멀다며 본인이 차로 데려다준단다. 순간 고마웠지만 망설여졌다. 사장님 말고 직원이 2명 더 있었지만 손님은 계속해서 들어왔다. 나는 사장님께 "바쁘신데 정말 괜찮으세요?"라고 물어보니 괜찮다며 주차장으로 자전거를 가지고 오라고 말씀하셨다.

    사장님과 함께 20Km 정도 지나서 정비소에 도착했는데 부속품이 없다며 며칠 걸린다는 대답이 돌아왔다. 정비소 직원은 다른 곳을 안내해 주며 그곳으로 가보라고 했는데 지도를 보니 거리가 꽤 멀었다. 사장님께 미안했다. 하지만 사장님은 괜찮다며 차에서 가는 동안 미국 이민 초기에 있었던 이야기를 하시며 내 마음을 편하게 해주었다. 결국 힘들게 찾아간 정비소의 직원은 오늘 오후 4시까지 자전거를 찾으러 오라고 말했다. 불행 중 다행. 이때 사장님께서 "이 친구는 엘에이에서 뉴욕까지 가는데 시간이 급하니 빨리 좀 고쳐 달라"라고 얘기했다. 그리고 나는 시간이 이미 오래 걸린 것 같아 사장님께 "제가 고쳐서 돌아갈게요." 말씀을 드리니 사장님은 알았다고 하시고 떠나셨다. 창살을 교환하는데 의외로 시간이 많이 걸렸다. 그리고 속성으로 고쳐서 의외로 많은 비용이 발생했다. 의외이어 의외.

정비를 마친 뒤 다시 한인타운으로 돌아오는데 시간이 꽤 걸렸다. 계산을 해보니 미용실 사장님은 왕복으로 최소 1시간 이상 나에게 도움을 주었는데 송구스럽고 미안했다. 한인타운으로 돌아가 마트에 가서 사과를 사서 미용실에다가 살짝 넣어 드리고 얼른 나왔다. 사장님께서 부담감을 가지실까 봐.

앞으로 남은 거리는 1,700Km. 내가 여기까지 올 수 있었던 것은 모두 다른 사람들의 도움이 있어 가능했다는 것을 이곳, 애틀랜타에서 깨달았다.

'미용실 사장님 정말이지 너무 감사하고
고마웠습니다. 꼭 기억하겠습니다.'

 어제저녁에 숙소에 돌아오니 민박집 사장님이 약밥을 만들고 계셨다. 사장님께서 드시려고 만드시는 줄 알았는데 내일 점심 도시락을 만드신단다. 내 점심 도시락을. 속으로 울컥했다. 약밥이 손이 가는 음식이라 만드는 데에 시간이 오래 걸리는데….

 오늘 아침에 출발할 때 약밥, 사과, 과자, 초콜릿, 바나나 등을 챙겨주셔서 감사하다고 인사를 드리고 서로 기념촬영도 하고 헤어지는데 민박집 사모님 눈가에 눈물이 고여 있었다. 나는 웃으면서 건강하시라 인사했지만 나도 모르게 눈가에 눈물이 고였다. 딱 이틀 동안 있었는데 사장님 내외분이랑 이렇게 정이 들다니. 어제 남자 사장님께서 나를 위해 라이브 연주도 해주시고 술잔도 같이 기울이면서 인생 이야기를 나누며 밤늦게까지 함께 시간을 보냈는데 막상 떠나려니 많이 아쉬웠다. 아쉬움을 뒤로하고 자전거 안장에 올라 힘껏 페달을 밟아 민박집을 떠났다. 그리고 사모님께서 싸주신 약밥과 간식으로 오늘의 여정을 잘 마치고 무사히 숙소에 골인했다.

'사장님 내외분, 너무나도 감사합니다.
저도 많이 베풀고 살겠습니다.'

# 아임 고잉 투 뉴욕

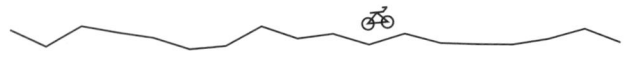

어제 숙소까지 30분 정도 남겨놓은 상황에서 누워서 자전거를 타는 할아버지를 발견했다. 혼자 누워서 자전거를 타는 사람은 처음 보아서 신기했다. 내 진행 방향은 할아버지와 정반대였지만 자전거 핸들을 돌려서 할아버지를 뒤따라 갔다. 뒤에서 따라가보니 연세가 있으신데도 꽤 빠른 속도로 이동하고 계셨다. 그러다가 신호 대기 상태에서 신호를 받고 교차로를 건너가면서 내가 먼저 말을 걸었고 할아버지와 짧게나마 이야기를 나눌 수가 있었다.

할아버지께서는 나에게 어디까지 가냐고 묻고 나는 엘에이에서 뉴욕까지 간다고 이야기했다. 의아하셨는지 다시 한번 똑같은 질문을 하셨고 나 역시 똑같은 대답을 했다. 매번 있는 상황이다. 미국 사람들이 어디까지 가냐고

물으면 항상 이렇게 2번에서 3번 정도 다시 이야기를 해야 했다. 처음에는 내 영어 발음이 좋지 않아서 다시 질문했나 싶었는데 미국인들도 잘 안 하는 자전거 횡단을 한다고 하니 신기했던 모양이다. 그리고 할아버지는 오늘은 어디서 머무냐고 물었다. 마치 잘 곳이 없으면 잠잘 곳도 마련해 주겠다는 표정으로 나에게 물어봤을 때 깊은 후회가 밀려왔다. 점심을 먹을 때 그간 쌓아놓은 숙박 앱 마일리지로 오늘 위치에서 제일 좋은 호텔에 예약을 걸어둔 상태였기 때문에. 만약에 취소하면 당일예약이라 마일리지가 사라져 버리고 말기에 호의를 받아들일 수 없었다. 할아버지와 짧은 만남을 뒤로하고 숙소로 오다가 모녀로 보이는 두 분에게 똑같은 질문과 똑같은 대답을 다시 3번 더했다.

"아임 고잉 투 뉴욕."

# 지역색

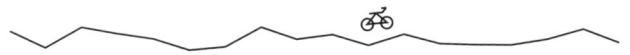

    사우스캐롤라이나주로 넘어왔다. 도로가 우리나라의 강원도와 흡사한 지형. 엘에이에서 루이지애나주까지는 거의 평지에 가까웠는데 미시시피주부터는 오르막길과 내리막길이 계속 반복되면서 우상향 방향으로 고도를 높이고 있다. 날씨도 지금의 우리나라와 비슷할 정도로 추워지고 도로변의 낙엽이 바람에 날린다. 미국에서의 가을을 몸소 느끼고 있다.

    사우스캐롤라이나주부터는 인구밀도가 점점 올라가 국도변에 식당도 여럿 보이고 편의 시설이 많아서 좋은데 안 좋은 점은 도로 폭이 좁은데 차량이 매우 빠르게 지나가고 유동량도 매우 많아 몸과 마음이 위축되는 경우가 많았다. 더군다나 갓길 자체가 없으니 도로를 달리다가 뒤에서 차가 오면 도로 밖으로 나가서 차가 지나가길 기다리며 가야 했다. 이런 상황이 반복되다 보니 목적지까지 가려면 부지런히 페달을 밟아야만 했다.

우리나라에도 지역마다 지역색이 있듯이 미국도 각 주마다 지역 특색이 있다는 걸 몸으로 느끼고 있다. 어떤 주에서는 라이더에게 차량 운전자가 배려를 많이 해주고 또 다른 주에서는 야박할 정도로 차를 자전거에 너무 바짝 붙여서 지나가서 등골이 오싹할 때가 있었다. 내 경험으로는 미시시피주, 앨라배마주, 사우스캐롤라이나주가 그랬다. 그래서 도로 폭이 좁거나 굴곡이 많다 싶으면 힘들어도(많이 돌아가야 해서 거리가 늘어남.) 비포장길이나 아예 고속도로로 들어가 달렸다. 앞으로 1,500Km 정도 남았는데 지금까지는 무조건 앞만 보고 달려왔다면 앞으로는 쉬엄쉬엄 가면서 남은 거리를 좋은 추억으로 만들고 싶다.

내일부터 이틀간 비가 온다는데 걱정이 앞선다. 부디

날씨가 좋기를. 하늘에 계신 모든 신에게 기도해 본다. 필요할 때만 신을 찾는 거 같아서 죄송합니다.

# 내일부터는 천천히 여유롭게

일주일간 거의 해가 뜨지 않았다. 계속 비가 내리거나 흐린 날씨의 연속이었다. 애리조나-텍사스 구간은 햇빛이 강해서 힘들었는데 지금은 뜨거운 태양이 그립다. 앞으로 비가 눈으로 바뀔 것을 생각하니 걱정 반, 기대 반이다. 횡단 초기에 만난 워싱턴에 살고 있다던 미국 친구가 그곳의 겨울 날씨는 거의 비나 눈이 오기 때문에 햇빛을 볼 수가 없다고 얘기했을 때 이해가 가지 않았는데 이제야 조금 알 것 같다.

앞으로 남은 구간은 1,200Km 정도. 지금까지는 경치고 뭐고 무조건 앞만 보고 달려왔는데 조금은 후회가 남는다. 미국 땅 자체가 워낙 크고 방대하다 보니 비슷한 느낌이 많아 사실 오늘 지나온 길도 어렴풋하다.

'내일부터는 천천히 여유롭게 라이딩을 해야지.'

 이렇게 생각하다가도 내일 안장 위에 올라가면 생각이 또 바뀌겠지만 앞으로 남은 구간은 최대한 천천히 달리면서 온몸으로 미국을 느끼고 싶다.

# 그들의 흔적이 침대 시트에
# 빨간 물감처럼 퍼져 나갔다

    오늘 자정을 기준으로 남미, 아프리카, 중앙아시아, 유럽, 인도, 그리고 마지막으로 북미 대륙의 베드 버그에 물리는 그랜드슬램을 달성했다.

    어제저녁에 잠을 자다가 가려워서 일어나 거울을 보니 팔뚝과 허벅지, 얼굴에 베드 버그에 물린 자국이 있었다. 요 며칠 계속 비를 계속 맞고 라이딩을 했던지라 감기가 왔다. 약을 먹고 일찍 잠에 들었는데 너무 피곤했는지 20방을 넘게 쏘였는데도 모르고 계속 잤다. 5,000Km를 넘게 달려온 이곳, 미국에서 베드 버그에 물린 게 처음이라 당황했다. 할 수 없이 입었던 옷을 다 벗고 겨울옷으로 완전히 무장하고 양말도 두 켤레를 겹쳐서 신고 얼굴만 내놓았는데도 조명을 끄니 베드 버그의 공격은 계속됐다. 베

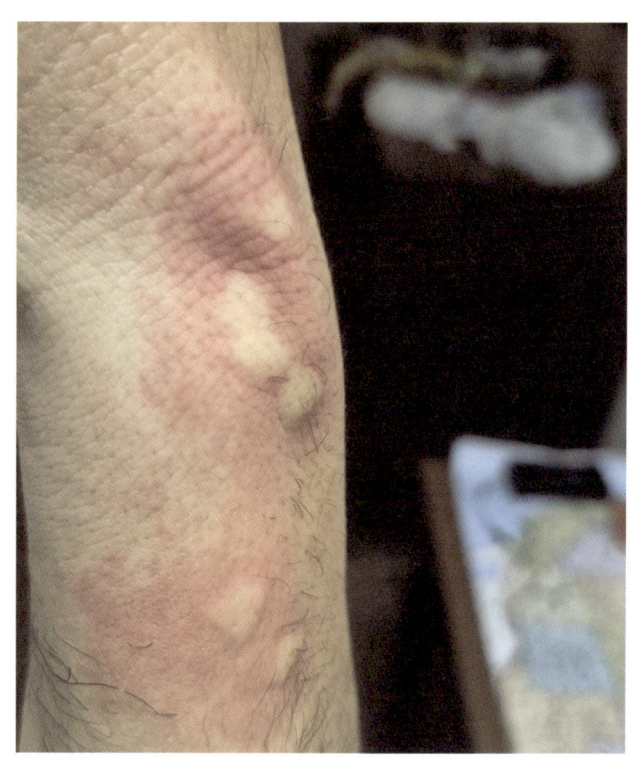

드 버그 머리가 사람보다 더 똑똑한 것 같다. 조명을 키면 사라지고 조명을 끄면 귀신같이 나타나 피를 빨아먹는다. 할 수 없이 전등을 켜고 이불을 바닥에 던졌다. 그리고 랜턴으로 침대를 살피니 베드 버그 여러 마리가 꼼짝도 안 하고 서 있었다. 손으로 꾹 누르니 장렬히 전사하며 '나는 죽지만 피는 맛있었어'라고 말하는 것 같았다. 그들의 흔적이 침대 시트에 빨간 물감처럼 퍼져 나갔다.

아침이 밝았다. 프런트 데스크에 가서 얼굴에, 팔뚝에 베드 버그가 물고 간 자국을 보여주며 이야기하니 직원의 대답은 "미안해. 우리가 확인해 볼게."였다. 의아하게 의연한 태도로. 지금까지 전 세계 대륙의 다른 베드 버그에게 물려봤지만 숙박업소가 나에게 대하는 태도는 똑같았다. '우리나라 같으면 있을 수 없는 일이지만 외국이니까 다른 거겠지.' 생각했다. 그리고 사실 이 사달이 난 것은 내게도 잘못이 있었다. 숙소 검색할 때 리뷰를 잘 살펴서 베드 버그에 물렸다는 후기가 있는 곳은 패스해야 되는데 감기가 걸려서 컨디션 난조로 귀찮아 대충 예약을 해버렸기 때문이다. 어제 새벽에 잠을 못 이루다가 늦게나마 이 숙소의 리뷰를 보니 베드 버그에 물렸다는 후기가 엄청 많았다. 그때 생각했다.

'그래. 이제 며칠 안 남았다고 내가 또 방심했구나.'

그리고 다짐했다. 제주로 돌아가는 그날까지 긴장의 끈을 놓지 않기로.

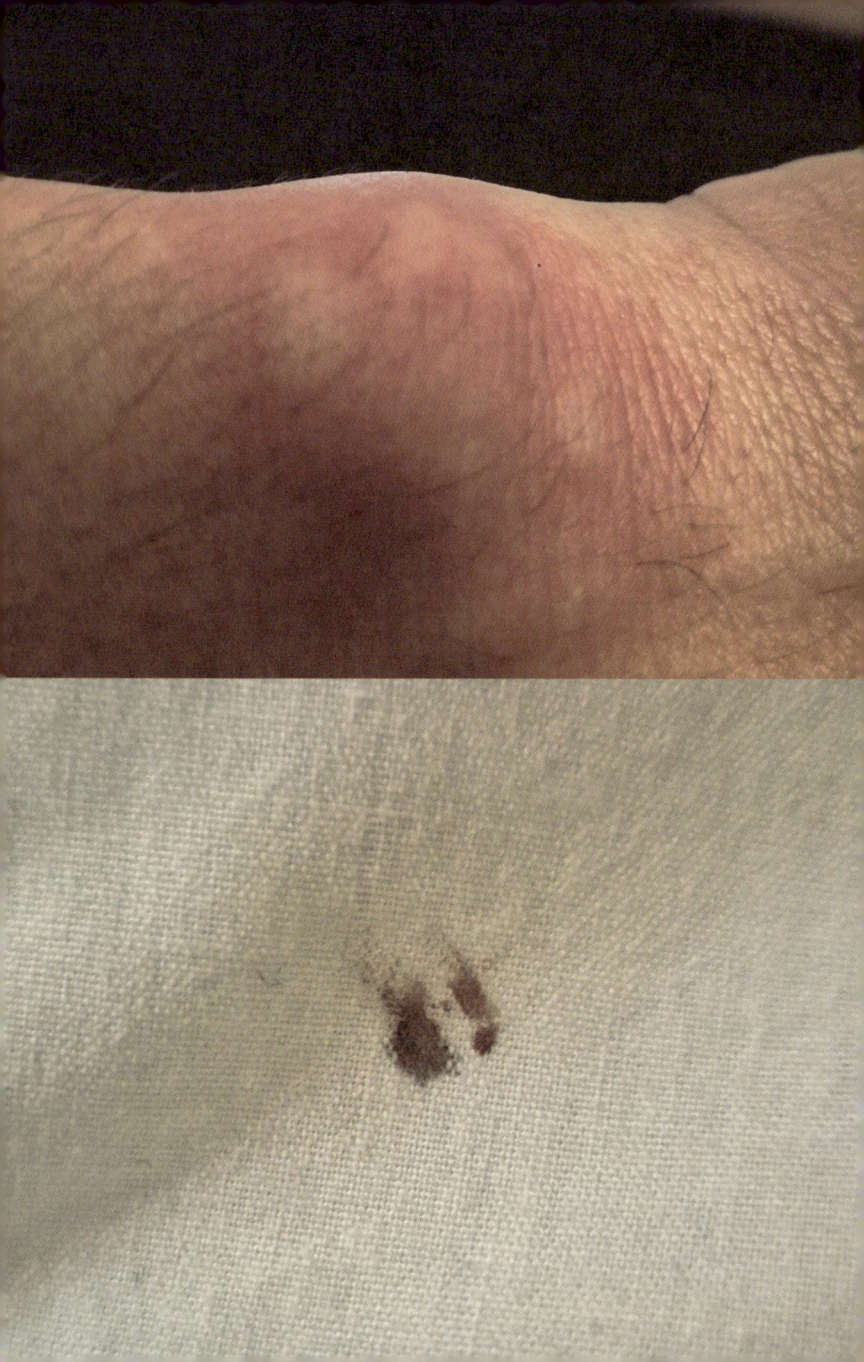

# 천 단위에서 백 단위로

미대륙 자전거 횡단 48일 만에 버지니아주Virginia에 들어왔다. 앞으로 남은 거리는 980Km. 천 단위에서 백 단위로 넘어왔다. 시작할 때는 6,680Km를 언제 가나 했는데 이제 그 끝이 서서히 보이는 것 같다.

거의 8일간 날씨가 흐리고 비가 왔으며 좀처럼 해가 뜨지 않았다. 오늘 아침에 잠깐이나마 햇살을 마주할 수 있었다. 제주에서는 장마철에 해를 못 봐도 그러려니 했는데 고난의 연속인 이곳, 미국에서는 따스함을 마주할 수 없게 되면 많이 우울하고 답답하다.

날씨뿐만이 아니다. 북쪽으로 올라올수록 식당이나 잠잘 곳은 많아지는데 아래 지방 사람들에게 느꼈던 정情은

덜해지는 것 같았다. 위로 올라가면 올라갈수록 더 춥고 힘들겠지만 더 크고 더 넓게 펼쳐질 새로운 세상과의 만남이 있을 테니 앞으로도 앞으로 달려나갈 것이다. 좋은 인연, 그리고 짜릿한 경험(베드 버그만 빼고)을 기대해 본다.

4부

# 정답이 아닌
# 해답을 찾는 숙제

# 운동장

날씨가 많이 추워졌다. 추워서 열심히 페달을 밟으면 열이 나고 땀이 나서 속옷까지 흠뻑 다 젖고 열기를 식히려 잠깐 쉬면 금방 추위가 몰려온다. 워낙 땀이 많이 나는 체질이라 등짝이 축축이 젖었는데 길가에서 옷을 갈아입을 수도 없고 또 그냥 가자니 젖은 옷 때문에 춥고 우리나라에서 기능성 옷을 준비해 왔지만 별로 도움이 되지가 않는다.

오늘 버지니아주의 리버티 대학교를 지나오면서 그 규모에 엄청 놀랐는데 미국의 대학교 학비가 비싼 것을 나름 이해할 수 있었다. 이렇게 큰 규모의 시설을 유지 보수하려면 어마 무시한 돈이 들어갈 것 같았다.

학교 건물도 건물이지만 운동장이 수없이 많았는데

스포츠 종목별로 운동장이 따로 있는 것 같았다. msg를 조금 친다면 리버티 대학교에서 올림픽도 치를 수가 있을 것 같았다.

엘에이에서 버지니아까지 오면서 느낀 점 중 하나는 대학교뿐 만 아니라 초, 중, 고등학교 모두가 운동장이 엄청 컸다는 것. 거기다가 이곳, 리버티 대학교처럼 메인 운동장을 제외하고 농구장, 야구장 등 종목별로 따로 만들어 놓은 학교도 꽤 있었다.

우리나라도 미국처럼 학생들에게 맘껏 달리고 땀을 쏟아 내고 환호성을 외칠 수 있는 학교 체육시설에 돈을 좀 썼으면 좋겠다는 생각을 해본다.

# 즐거운 상상은 나의 원동력

 오늘은 우리나라의 대관령 같은 고개를 넘었다. 포장도로와 비포장도로가 적당히 어우러져 있어서 좋았다. 고개를 넘었는데 좋았다고 하다니. 이 긴 여행의 목적지인 뉴욕과 가까워지니 조금씩 마음에 여유가 생기는 것 같다. 가파른 비포장 오르막길을 2시간 넘게 끌바로 올라왔다. 한 달 전 같으면 엄청 투덜대면서 올랐을 텐데 오늘은 힘들어도 기분은 좋았다.

 오늘 통과한 길은 분명히 지방국도인데도 길 중간중간에 사유지임을 밝히며 출입을 금지한다고 경고장을 써 놓았는데 그 길을 지나가야 다음 코스로 이동을 할 수가 있어서 그냥(!) 통과했다. 불과 보름 전이었다면 겁이 나서 돌아가 다른 길로 갔을 텐데… 이제는 '뭐 그렇다고 총까지

쏘겠어?'하는 마음으로 여유롭게 통과했다.

앞으로 3일간을 더 달리면 워싱턴에 도착한다.

'1년 전의 나는 크리스마스를
워싱턴에서 보낼 줄 생각이나 했던가?'

'그리고 또 1년 후에 나는 어디에 있을까?'

즐거운 상상을 원동력으로 내일도 달릴 것이다.

# 알아두면 쓸데있는
# 미국도로 잡학사전

오늘은 미국의 고속도로에 대해서 설명해 볼까 한다.

나는 지금까지 미국의 열한 개 주에 있는 고속도로를 이용했다. 미국의 고속도로는 자전거가 진입할 수 있는 도로와 진입을 할 수 없는 고속도로가 있다. 파란색 방패로 표시된 고속도로는 진입할 수 없다. 그리고 흰색 방패로 표시된 도로는 자전거로 진입할 수 있다.

파란색 방패로 표시되는 고속도로는 주와 주 사이를 연결하는 A급 고속도로로 보면 된다. 차선이 넓고 길의 관리 상태도 좋으며 차량들이 지나가는 속도가 엄청 빠르다. 지금 내가 있는 버지니아주에서는 행인이나 자전거가 파란색 방패로 표시되는 도로에 진입할 경우 1,500달러<sup>한화 약</sup>

215만 원의 벌금이 내려진다. 각주마다 벌금은 다르며 또 어떤 주는 파란색인데도 불구하고 부분적으로 자전거 진입을 허용하는 주가 따로 있다. 하얀색으로 표시되는 일반 고속도로로 거의 모든 도로가 자전거 진입을 허용한다.

횡단 2일째 되는 날, 인디언 보호구역에서 길이 막혀서 파란색 방패 고속도로에서 히치하이킹을 시도했는데 실패한 경험이 있다. 차가 지나가는 속도가 워낙 빨라서 사고 위험이 있어 태워주지도 않았지만 비상용 외에 갓길 주차 시 엄청난 벌금이 부과되기 때문이었다. 그때는 그것도 모르고 고속도로에서 시간을 한참 낭비했다. 경찰에게 인디언 보호구역이라 고속도로밖에 길이 없다고 사정을 얘기하자 내 자전거에 꽂혀 있는 태극기와 성조기를 보고는 딱 6Km 정도만 허락을 받아서 통과한 적이 있다.

파란색 방패와 하얀색 방패의 법칙은 철저히 지켜야 하는 것이었지만 너무 힘들어서 표지판을 잘못 보고 들어간 적도 있고 알면서도 들어간 적도 있다. 미국 자전거 횡단 여행이 거의 끝나가는 시점에 와서 돌이켜보면 엄청 위험하고 무모한 짓이었다. 횡단을 한 일부 선배들께서 SNS에 고속도로를 몰래 들어가서 몇 백 Km를 라이딩 했다고 자랑하는데 혹시나 나중에 다른 사람이 그것을 보고 따라하지 않을지 걱정이 된다.

마지막으로 덧붙이자면 미국 고속도로의 가장 좋은 점은 거의 다 무료라는 것이다. 일부 대도시의 혼잡구간만 제외하면 거의 모든 고속도로는 무료다. 무료인 만큼 미국인들이 세금을 많이 내겠지만 우리나라는 명절 때만 무료라서 매일매일이 무료라는 게 부러운 건 어쩔 수가 없다.

# 추위도 가볍게

오늘은 엄청나게 추운 하루였다. 보통은 30분만 달려도 등짝이 땀에 젖는데 오늘은 추워서 그런지 땀도 안 난다. 그나마 다행인 건 아직까지는 눈발이 간간이 날리기는 했어도 눈이 쌓인 적은 없다는 것. 짐이 너무 많아 텍사스 주에서 겨울옷을 많이 버렸는데 후회는 없다. 그만큼 가볍게 왔으니까. 살면서도 가벼워지고 싶다. 우리나라로 돌아가면 필요 이상의 무거운 인간관계는 겨울옷처럼 버리고 가볍게 살았으면 좋겠다.

# I HAVE a DREAM

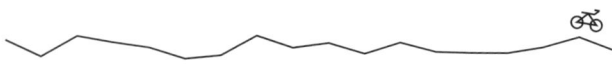

"I HAVE a DREAM."

지금 내가 있는 워싱턴 광장에서 마틴 루터 킹 목사가 한 말이다.

나에게도 꿈이 있다. 더 나이 먹기 전에, 더 늙어서 그때는 가고 싶어도 못 가는 상황이 오기 전에 내가 가고 싶은 곳을 다 가보고 싶다. 대한민국 여권으로 갈 수 있는 나라는 모두 꼭 가겠다고 루터 킹 목사가 연설한 이 자리에서 굳게 다짐해 본다.

미국 워싱턴 링컨 기념관에서 나오면 왼쪽에 한국전쟁 기념관이 따로 마련되어 있다. 1950년 6.25 전쟁 때

36,574명의 미국 청년들이 우리나라에서 전사했다. 혈기 왕성한 젊은이들이 머나먼 타국에서 죽음을 맞이했다. 대한국민으로서 직접 이곳에 와보니 한국전쟁에서 사망한 그때의 미국 청년들에게 미안하고 송구스럽다. 다시는 이런 비극이 생기지 않기를 바라며 전 세계가 평화롭기를 소망해 본다.

OUR NATION HONORS
HER SONS AND DAUGHTERS
WHO ANSWERED THE CALL
TO DEFEND A COUNTRY
THEY NEVER KNEW
AND A PEOPLE
THEY NEVER MET

# 바람직한 세대교체

 오늘 일정 중에 미국 의회 도서관 방문은 없었다. 이곳에서 가장 유명한 스미스소니언 미술관부터 가려고 했었다. 그런데 아침에 같은 방을 쓰는 중국인 친구가 이곳을 추천해 주었다. 검색해 보니 도서관은 인터넷으로 사전 예약을 해야만 입장할 수가 있었다. 중국 친구의 도움을 받아서 도서관 예약을 하고 길거리로 나와서 걷는데 미국 워싱턴 한가운데서 제주 신창에서 타코야키 가게를 운영했던 정기성 동생을 우연히 만났다. 우리나라 사람들로 보여서 먼저 말을 걸었는데 알고 보니 그 동생의 가족이었다. 기성 동생은 1년 전에 뉴욕으로 이민을 왔다고 한다. 크리스마스를 맞아 워싱턴으로 휴가를 왔다고. 미국 워싱턴에서 제주 서쪽의 인연을 만나다니… 너무나 반가워서 이런저런 이야기를 두런두런 나누고 헤어졌다.

스미스소니언 박물관, 내셔널 갤러리 오브 아트, 그리고 미 의회 투어를 다녔는데 그 중에서도 의회 도서관은 대국답게 규모도 엄청 크고 많은 책과 사진을 전시하고 있었다. 미국이 흑인 인종차별을 반성하며 인권에 관한 주제로 많은 부분을 할애해 전시해 놓았던 부분이 제일 기억에 남았다. 과거에 잘못한 부분을 과감히 전시하며 다시는 이런 과오를 다시는 범하지 않겠다는 반성의 내용을 전 세계 관광객이 다 볼 수 있도록 전시해 놓다니… 대국다운 면모였다. 과거에 잘못은 했어도 그것을 인정하고 반성하면서 다음 세대에게는 더 좋은 세상을 전하는 것. 그것이 바람직한 세대교체가 아닐까 생각했다.

# 평생 쓸 행운

 오늘 아침에 백악관 입구에서 6,680Km 현수막을 들고 사진을 찍는데(실제로는 6,880Km) 여기저기서 박수소리가 터져 나왔다. 기분이 엄청 좋았다. 태어나서 처음으로 전 세계 사람들에게 박수갈채를 받으니 우쭐했다. 나 자신이 자랑스러웠다.

 워싱턴을 떠나서 메릴랜드주에 들어왔다. 노점에서 타코를 주문하고 계산을 하려고 하는데 방금 전에 만난 타호라는 미국인 친구가 음식값을 내주었다. 여동생이 우리나라 서울에서 살고 있다며 사진을 보여 주었는데 서로 인사하고 잠깐 스몰 토킹을 하면서 금세 친해졌다. 그리고 음식값을 계산해 주었다. 오늘 처음 만난 그가 음식을 사주었다는 사실이 고마웠지만 뉴욕까지 파이팅 하라며 격려와 응원을 해주었는데 그게 훨씬 더 고마웠다. 울컥할 정도로 고마웠다.

2시간 정도 라이딩을 하다 보니 자전거 바퀴 바람이 많이 빠져서 고민하고 있었는데 차 뒤에 MTB 자전거를 실은 차량이 다가왔다. 우리나라말로 "한국 분이세요?" 나에게 물어봤다. 나는 "네"하고 혹시 차에 에어펌프가 있냐고 물었다. 그분은 본인 사무실에 에어펌프가 있다며 내 자전거를 차에 싣고 함께 사무실에 도착했을 때 기절하는 줄 알았다. 이분은 라이딩 마니아로서 사무실 창고에 여러 대의 자전거와 오토바이가 있었다. 그리고 사무실에는 웬만한 정비소 보다 많은 자전거 부품을 보유하고 계셨다.

사장님께서는 1980년에 이민을 오셨고 지금은 나름대로 성공을 하셔서 이민사회에서 꽤나 유명한 분이셨다. 덕분에 나는 몇 시간 만에 메릴랜드주의 여러 한국 이민자 사장님들을 소개받았고 맛있는 음식과 술을 대접받는 행운을 누렸다. 그리고 덤으로 사장님 집으로 초대받아서 하룻밤을 쉬어갈 수 있는 행운도 얻었다.

사장님 집에 오기 전에 메릴랜드에서 규모가 가장 큰 카지노에 구경 삼아 잠깐 들렸는데 재미로 20달러를 넣고 코인을 받아 룰렛을 돌렸다. 딱 3분 만에 62달러를 버는 행운을 맛보았다. 코인을 바로 현금으로 바꿔서 사장님 집으로 들어왔다.

매일 모텔이나 호텔에서 자다가 이렇게 사람의 온기가 어린 아늑한 방으로 들어와 침대에 누우니 오늘 하루가 꿈만 같구나. 평생 쓸 행운을 미국에서 다 받아 쓰는 기분이다.

# 인터뷰

미국에 와서 생애 처음으로 신문사 인터뷰를 진행했다.

어제 만난 레스토랑《KOHO》사장님의 소개로 메릴랜드주에 파견 나와 계신 《미주한국일보》 배희경 기자님과 1시간 넘게 자전거 횡단을 하는 이유와 횡단 중 일어났던 에피소드, 그리고 미국에 와서 느낀 것들을 이야기했다. 인터뷰를 하니 내가 하고 싶은 말들이 막상 잘 생각이 나지 않아 마치고 나서 조금 아쉬웠다. 그래도 신문사 인터뷰는 나의 여정에 없던 일이었는데 태어나서 처음으로 언론매체와 인터뷰를 했다는 것만으로도 기쁘고 좋은 경험이었다.

이틀 동안 나에게 숙박과 맛있는 음식, 그리고 새로운 경험을 선물해 주신《KOHO》의 Nick Son 대표님과 곽규홍 사장님, 전경민 셰프님, Kyu Kwak님께 감사드린다. 더불어 바쁘신데도 불구하고 시간을 내주시고 인터뷰를 진행해 주신《미주한국일보》배희경 기자님께 다시 한번 감사를 드리고 싶다.

# 끝날 때까지 끝난 것이 아니다

　어제 뉴욕 맨해튼의 타임스 스퀘어까지 40Km 남겨두고 뉴저지 인근 한인이 많이 사는 지역에서 숙박하고 오늘 아침 느긋하게 출발했다. 그리고 마침내 횡단 61일 만에 맨해튼에 자전거 앞바퀴를 골인시켰다. 만세!

　그리고 거기까지였다.

　오늘 아침에 출발하면서 항상 하던 대로 '숙소는 도착해서 잡지~'라고 생각했지만 뉴욕 한가운데에서는 통하지 않았다. 더군다나 오늘은 12월 31일. 그러니까 이곳, 뉴욕 맨해튼 타임스 스퀘어에 전 세계 사람들이 가장 많이 모인다는 사실을 오후 2시가 넘어서야 메릴랜드주에서 만난 형님께 메시지로 연락을 받고 깨달았다. 형님과의 통화에서 오늘 뉴욕의 호텔 가격이 1년 중 제일 비싸다는 소식을 전해 들었다. 급검색을 했지만 역시나 숙소를 찾기 쉽지 않았다. 그리고 숙소가 있긴 있어도 숙박비가 최소 500달러<sub>한화 약 71만 원</sub>, 1,000달러<sub>한화 약 142만 원</sub> 이상이 넘어가는 숙소도 있었다. 울며 겨자 먹는 심정으로 뉴저지 쪽 외곽의 숙소를 검색해 보니 어제 내가 머문 곳이 정확하게 2배가 넘는 가격으로 숙박비가 올라가 있었다. 검색 신공을 총동원해서 뉴욕으로부터 서쪽 방향으로, 오늘 온 거리만큼 다시 나가야 되는 거리의 호텔을 간신히 예약할 수 있었다. 그리고 있는 힘을 다해서 페달을 밟아 오후 5시쯤 숙소에 도착했다.

생각해 보니 오늘 일은 사전에 준비할 수가 있었다. 메릴랜드주에서 만난 형님이 31일은 숙소 구하기가 힘들다고 말했을 때 그냥 흘려 들었고 어제저녁은 한인 민박을 알아보다가 뉴욕 물가를 모르고 무슨 민박이 호텔보다 비싸다며 투덜거리다 잠을 잤었다. 나는 그 대가로 한 번만 하면 되는 맨해튼 진입을 똑같은 길로 2번 들어가는 뜻밖

의 행운을 얻었다. 그리고 행운 서비스로 미국에서 가장 많이 매연가스를 마시는 경험도 했다. 첫날부터 끝나는 날까지 쉽지 않다는 것을 다시 한번 실감하는 경험도 했다. 부디 내일은 타임스퀘어에서 두 팔 벌려서 만세를 외쳤으면 하는 바람을 가져본다.

# 잘했다! 김재현!!!

 엘에이에서 출발한 뒤 62일 만에 드디어 뉴욕 맨해튼에 들어오는데 성공했다. 도착하자 제일 먼저 나를 반겨준 이는 예상과는 다르게 도로가에서 자전거로 배달을 하는 흑인 친구였다. 이 흑인 친구가 교차로에서 신호 대기 중인데 나보고 어디 소속 배달원이냐 물었는데 나는 뒤통수를 한방 맞은 기분이었다. 정신을 차리고 자전거로 배달을 하는 다른 이들을 살펴보니 배달용 가방이 내 자전거 가방이랑 비슷했다. 다만 틀린 것이 있다면 내 자전거에는 태극기와 성조기가 꽂혀 있었다는 것. 다시 여러 교차로를 통과하여 미국 자전거 횡단 여행의 마지막 목적지인 타임스 스퀘어에 도착했다. 타임스 스퀘어 중앙에는 사람이 너무 많아서 자전거를 가지고 진입할 수가 없었다. 할 수 없이 광장 초입 부근에 자전거를 세우고 한국에서 준비해 간 태극기와 미국 자전거 횡단 여행 현수막을 들고 사진촬영을 했다.

밀린 방학 숙제를 끝낸 기분이었다. 눈물이 나올 줄 알았는데… 막상 도착하니 눈물은 흐르지 않았다. 자전거를 세워두고 타임스 스퀘어 정중앙에 들어가서 한참을 서 있었다. 그곳에서 지금까지 미국 자전거 횡단을 할 수 있게 도와주신 모든 사람들에게 감사하다고 기도를 드렸다. 내가 지금까지 받은 응원과 지지, 도움과 격려, 그리고 사랑을 나도 다른 이에게 베풀어야겠다고 다짐했다. 오늘만큼은 이 세상 누구보다 나 자신이 자랑스러웠다.

'잘했다! 김재현!!!'

# 자전거를 타나 미술관을 다니나

자전거 횡단이 종료되었으니 오늘은 나름대로 알차게 보내려는 마음에 원대한 계획을 세웠다. 우선은 센트럴 파크를 한 바퀴 돌고 메트로폴리탄 미술관에 갔다가 자유의 여신상에 가고 뉴욕 박물관으로 마무리하려고 했었다. 하지만 센트럴 파크를 돌고 메트로폴리탄 미술관에서 멈췄다.

뉴욕에 와서 지금까지 제일 잘 한 일은 오늘 메트로폴리탄 미술관 매표소에서 티켓팅할 때 90달러(한화 약 13만 원)짜리 원데이 패스(맨해튼에 있는 4곳의 뮤지엄을 이용할 수 있는 패스권)를 구입하지 않은 것. 하루에 4곳을 다 보는 것은 힘들 것 같아 메트로폴리탄 미술관 입장권만 30달러에 구입했다.

오전에 10시쯤에 입장을 했는데 규모가 어마어마하게 컸다. 오전 일찍인데도 불구하고 수많은 사람들로 붐볐다. 그리고 30분 정도 지나서 오늘 일정은 여기서 끝나겠다는 생각을 했다. 전시규모도 워낙 크지만 섹션 별로 수많은 그림과 조각상 그리고 역사유물을 전시해 놓아서 제대로 보려면 하루가 모자랄 것 같았다. 그리고 중국, 일본, 인도, 우리나라 대한민국. 이렇게 아시아 특별전을 별도로 하고 있어 반가운 마음에 돌아봤지만 한국전시관이 규모가 제일 작고 전시하는 작품도 매우 적어 아쉽다는 생각이 들었다.

미술관 안의 카페에서 와인과 맥주를 판매하고 있어서(비싸기는 했지만) 전시관을 다니다가 다리가 아프면 앉아서 와인을 홀짝였다. 미술관을 계속 관람하는 것이 자전거를 타는 것보다 체력 소모가 많았다..! 두 달 넘게 페달만 밟다가 계속 서서 이동하니 조금은 힘들었다.

미술관을 둘러보고 나오니 어느덧 오후 4시. 센트럴 파크를 지나서 숙소로 들어오니 해가 지고 있었다. 자전거를 타나 걸어서 미술관을 다니나 시간이 빨리 가는 것은 똑같았다. 아마도 내일은 더 빨리 갈 것 같다는 생각에 내일은 오늘보다 더 일찍 나와서 다녀보기로 마음 먹었다.

# 나도 뉴욕에 아는 사람 있습니다

뉴욕에 도착했을 때 한 가지 고민이 생겼다. 자전거를 제주도로 가져가야 되는데 포장박스가 필요했다. 현재 머물고 있는 맨해튼 근처에는 정비소가 없었다. 자전거 포장박스를 구하려면 다리 건너 뉴저지 쪽으로 가야 되고 그렇게 되면 자전거 포장박스를 구하다가 하루를 보낼 판이었다. 그래서 어제 오후에 염치 불구하고 워싱턴 한복판에서 만난 제주의 인연, 미국 뉴욕으로 이민을 온 정기성 동생에게 SOS를 쳤다.

"나 박스 좀 구해주라~"

동생은 오늘 점심에 자전거 포장박스를 차에다 싣고 내가 머무는 호스텔로 찾아왔다. 마법같이. 그리고 생각했

다. '아… 내가 이 여행이 완전 끝나는 날까지 이렇게 좋은 인연의 도움으로 편하게 마무리하는구나'라고.

동생 가족과 점심을 먹으러 레스토랑에 갔다. 점심을 먹으면서 이런저런 이민생활 이야기와 두런두런 자전거 횡단 여행 이야기로 시간을 보내고 계산을 하려는데 동생네 부부가 점심은 자기네가 사야 된다며 먼저 계산을 해 버렸다. 멀리서 심부름으로 자전거 포장박스도 가져다 주고 밥값도 내주다니… 많이 고마웠지만 많이 미안했다.

카페에서 이야기를 나누고 헤어지는데 동생 아들이 "엄마! 우리 아저씨랑 우리 집에서 저녁 같이 먹어요~!" 했을 때 주책 맞게 울컥했다. '평생 쓸 운을 미국에서 다 쓰는 게 분명해… 내가 인복이 있긴 있구나.'

나도 뉴욕에 아는 동생 한 명이 생겼다. 정기성 동생.

'오늘 너무 고마웠다. 나중에 신세는 꼭 갚을게. 진심이다.'

# 넌 나의 다크호스

어제 기성 동생이 구해준 박스로 자전거를 포장했다. 포장하면서 주인을 잘못 만나 엄청 고생한 자전거를 보자니 미안하고 고마웠다. 제주에서 출발할 때 자전거를 가지고 엘에이까지 오면서 경비도 많이 들고 힘들었다. 그래서 뉴욕에 도착하면 자전거는 버리고 오려고 마음을 먹었는데 시간이 지나면서 자전거는 나에게 자전거 이상의 귀중한 보물이 되어 있었다.

중간중간에 자전거가 고장도 잘나고 무겁고 속도가 나지 않아서 다른 자전거로 교체하려는 마음도 먹었었다. 하지만 어찌저찌해서 뉴욕에 도착하니 자전거는 보통의 이동 수단이 아닌 미국 자전거 횡단 여행을 동고동락한 동지가 되었다. 오늘 박스에 자전거를 포장하면서 말했다.

"무탈하게 여기까지 와줘서 고맙다."

그리고 제주에 가져가서 세차도 시켜주고 기름칠도 해주고 보물처럼 대해주기로 마음먹었다.

고맙고, 감사하다. 넌 나의 다크호스야.

# 정답이 아닌 해답을 찾는 숙제

마지막 일정이다.

아침에 자전거 포장을 끝내고 센트럴 파크를 한 바퀴 돈 뒤 룸메이트가 꼭 가야 한다고 추천한 구겐하임 미술관에 갔다가 다시 타임스 스퀘어로 돌아가서 눈여겨보았던 한국작가님이 그리시는 초상화를 미국 자전거 횡단 여행 기념으로 그리고 나서 숙소로 오는 길에 뉴욕이 새겨진 후드티셔츠 한 장 사고 나니 65일간의 미국 자전거 횡단 여행 일정이 모두 끝났다. 인생에서 풀어야 할 숙제를 해결한 느낌이랄까? 나의 타고난 역마살은 이 세상 끝나는 날까지 계속될 테니, 정답이 아닌 해답을 찾는 숙제가 계속 제출되길 바란다.

미국에 오기 전, 제주 고산의 이웃 ≪고산 상회≫에서 만들어준 장구, 복조리 등으로 구성된 K-굿즈를 꽤나 많이 선물로 받았다. 그리고 서비스로 안전한 여행을 위한 무사귀환 부적도 선물로 받았다. 그 덕분인지 별 탈 없이 많은 미국인들과 현지 교민의 도움을 받아서 미국 자전거 횡단 여행을 무사히 마치고 지금은 뉴욕의 존 F. 케네디 국제공항 공항에 와 있다. 초반에 많은 도움을 받아서 K-굿즈를 선물로 주다 보니 20여 일 지나니 몇 개가 남지 않았다. 그래서 몇 개 안 남은 선물을 누구를 줄까 망설이다가 나이가 많으신 어르신 분들께 드렸다. "이것을 몸에 지니면 장수할 수 있답니다"라는 약간의 과장을 더해서. 마지막으로 남은 한 개는 이틀간 내 옆 침대에서 함께 지낸 브라질 친구에게 선물로 주었다. 이 친구는 현역 공군으로 엔지니어로 일하고 있으며 현재 휴가 중이란다. 얼마 전 우리나라에서 일어난 항공기 사고 소식도 알고 있다며 유감을 표시하며 진지하게 위로할 때 다른 나라 사람이지만 많이 고마웠다.

브라질 친구와 늦은 새벽까지 이야기하다가 잠들었다. 아침 일찍 나와 공항에 도착해 국내 항공사 데스크에 오니 여기저기서 한국말이 들리고 벌써 우리나라, 대한민국에 도착한 기분이 들었다. 어머니가 계신 원주부터 가야지. 원주에 도착하면 자유시장 지하 1층에 가서 순댓국에 막걸리 한 사발 마셔야겠다.

**EPILOGUE**
# 국수 팔고 페달 밟아
# LA에서 뉴욕까지

그동안 했던 수많은 여행 중 가장 힘들고 어려웠던 여행을 꼽으라면 단연코 미국 대륙 자전거 횡단 여행이라 말할 수 있을 것 같다. 반대로 가장 행복하고 즐거워 평생 기억에 남을만한 여행을 꼽으라고 한다면 역시나 미국 대륙 자전거 횡단 여행이라 말할 것이다.

여행을 하는 동안 극과 극을 하루에도 몇 번씩 왔다 갔다 하면서 그전에 잘 알지 못했던 내면의 모습을 많이 마주할 수 있었다. 지금 돌이켜보면 창피하기도 하고 부끄럽기도 하지만 있는 그대로의 나를 받아들이기로 했다.

나의 자전거 세계여행이 계속되기를 희망해 본다. 가까운 미래의 언젠가에 떠날 그 여행에서도 얼마나 많은 시간이 들고 고생스러움이 있을지 알 수는 없지만 그 또한 먼 훗날에는 멋진 추억으로 남으리라.

미국 대륙 자전거 횡단 여행을 완성할 수 있도록 도움을 주신 분들에게 지면으로나마 감사의 마음을 표하고 싶다.

우선 미국 대륙 자전거 횡단 여행에 동기를 부여해 준 제주 고산의 이웃 ≪고산 상회≫의 진선에게 감사의 마음을 전하고 싶다. 자전거 초보자인 나에게 자전거 정비기술을 가르쳐 준 신창윤 형님과 미국 현지에서 힘들어서 포기하고 한국으로 돌아가려고 마음먹었을 때 맛있는 한식과 따뜻한 격려의 말로 다시 시작할 수 있게 도와주신 애틀랜타 한인 민박의 케렌네 대표님, 메릴랜드 도로에서 우연히 만나 새로운 경험을 선사해 주신 스티브 곽 형님에게도 마음을 다해 고마움을 보낸다.

마지막으로 이 책을 쓸 수 있게 용기와 힘을 주신 정원경님, 악필임에도 불구하고 흔쾌히 책을 쓰자고 제안해주신 ≪출판사 방(ㅂang)≫ 대표님, 그리고 손가락을 다쳐 컴퓨터 자판을 사용하지 못하는 나를 도와주신 인성 형님, 누구보다도 나를 향한 사랑과 헌신으로 평생을 살아오신 어머님께 고개 숙여 감사의 말을 전한다.

'엄마~ 고마워요.
그리고 엄마 아들로 태어나서 감사해요.
사랑해요, 엄마.'

2025년 여름, 첫 책을 펴내며- 김재현.

# I'M A YOUNG RIDER

국수 팔고 페달 밟아 LA에서 뉴욕까지
copyright © 2025, 출판사 방

초판 1쇄 인쇄  2025년 5월 26일
초판 1쇄 발행  2025년 6월 6일

지은이 | 김재현
기획 · 책임편집 | 방멘
디자인 | 김현경
인쇄 | (주)금비피앤피

펴낸곳 | 출판사 방
이메일 | bookandbang@gmail.com
출판등록 | 2018년 11월 9일 제 2018-000063 호

ISBN | 979-11-978905-7-4(03810)

\* 이 책의 판권은 지은이와 출판사 방에 있습니다.
\* 책 내용의 전부 또는 일부를 이용하려면
  출판사 방의 동의를 받아야 합니다.